रैदास वाणी

रचना भोला 'यामिनी'

डायमंड बुक्स

प्रकाशक : **डायमंड पॉकेट बुक्स (प्रा.) लि.**
X-30 ओखला इंडस्ट्रियल एरिया, फेज-II
नई दिल्ली-110020
फोन : 011-40712200
ई-मेल : sales@dpb.in
वेबसाइट : www.diamondbook.in
मुद्रक : रेप्रो (इंडिया)

Raidas Vani : Jeevni Va Sahitya

By : Rachna Bhola 'Yamini'

आदरणीय माता-पिता :
श्री शिवकुमार सूद
व श्रीमती उषा सूद के नाम
(जिनकी स्नेह भरी छत्रछाया में मैं
आज यहाँ तक पहुँची)

अनुक्रम

'ध्रुवतारा रैदास'

रैदास में कुछ रस है, कुछ सुगंध है, जो मदहोश कर दे। रैदास से बहती है कोई शराब कि जिसने पी वही डोला। रैदास अड्डा जमाकर बैठ गए थे काशी में, जहाँ कि सबसे कम संभावना है; जहाँ का पंडित पाषाण हो चुका है। सदियों का पांडित्य व्यक्तियों के हृदयों को मार डालता है, उनकी आत्मा को जड़ कर देता है। रैदास वहाँ खिले, फूले! रैदास ने वहाँ हजारों भक्तों को इकट्ठा कर लिया और छोटे-मोटे भक्त नहीं, मीरा जैसी अनुभूति को उपलब्ध महिला ने भी रैदास को गुरु माना! मीरा ने कहा है- गुरु मिल्या रैदास जी! कि मुझे गुरु मिल गए रैदास में! भटकती-फिरती थी, बहुतों में तलाशा था, लेकिन रैदास को देखा कि झुक गई...........

इसलिए रैदास को मैं कहता हूँ कि वे भारत के संतों से भरे आकाश में ध्रुवतारा हैं।''

('संत भाषै रैदास', ओशो)

भारत की विभिन्न प्रांतीय भाषाओं में रविदास, रोईदास, रैदास व रहदास आदि नामों से जाने जाते हैं 'संत रैदास'। वे न केवल एक उच्च कोटि के संत बल्कि महान कवि भी थे। उन्होंने अपनी वाणी के माध्यम से आध्यात्मिक, बौद्धिक व सामाजिक क्रांति का सफल नेतृत्व किया। उनकी वाणी में निर्गुण तत्व का मौलिक व प्रभावशाली निरूपण मिलता है।

संत रैदास जूते बनाने का काम करते थे। शिष्यों ने उन्हें कहा कि वे जूते सीने का काम छोड़ दें, अच्छा नहीं लगता। रैदास उनसे कहते:- प्रभु ने तो मुझसे नहीं कहा कि मैं जूते सीना बंद कर दूँ। पता है, कितने लोग मेरे हाथ के जूते पसंद करते हैं। जो भी जूते पहनता है, वह राम ही तो है! कितने राम मेरे बनाए जूतों की तारीफ करते हैं.... जब तक प्रभु की यही इच्छा है, मैं यह काम करता रहूँगा.... इस प्रकार रैदास जूते सीते-सीते ज्ञान व ब्रह्म चर्चा में लीन रहते।

संत रैदास अपने औजारों से केवल जूतों की ही मरम्मत नहीं करते थे। उनके पास प्रभु की कृपा से दिव्य औजार भी आ गए थे, ये वही औजार थे, जो किसी भी विवेकसंपन्न व्यक्ति के जीवन की अनमोल थाती होते हैं। वे अपने द्वारा रचित आरती में कहते हैं-

शील की राँपी ज्ञान का काँटा।
चाम की पन्नी प्रेम का टाँका।।

अज्ञानी मनुष्य को सुधारने के लिए वे अपने इन्हीं दिव्य साधनों का प्रयोग करते थे। उनके पास मधुर शब्द रूपी ज्ञान की राँपी थी। वे अपने सामने खड़े व्यक्ति के कठोर वचनों को अपने शील की राँपी से काट देते। कठोर से कठोर बैरी भी उनका आत्मीय बन जाता। शील की राँपी से कठोर वाणी को काट कर, वे ज्ञान का काँटा लगाते और फिर चाम की पन्नी अर्थात अपने हार्दिक स्नेह से प्रेम रूपी टाँका लगा देते, दूसरे के हृदय को सदा के लिए अपना बना लेते।

रैदास जी ने अपने उपदेशों मे समाज में व्याप्त कुरीतियों पर करारी चोट की। उन्होंने अपनी वाणी में स्पष्ट शब्दों में कहा कि दूसरे जीवों को मारकर खाने वाले जीव निकृष्ट कोटि के होते हैं। ऐसे जीवों का ईश्वर से मेल नहीं हो सकता।

(1) माँस विराना खाई के, क्यूँ फूँके निज देह।
एक दिन बदला ले लेगा, तेरे मुँह में दे के खेह।।

(2) प्रानी वध नहिं कीजियहि, जीवह ब्रह्म समान।
रविदास पाप नंह छूटइ, करोर गउन करि दान।।

(3) रविदास जीव मत मारहिं, इक साहिब सभी मांहि।
सम मांहि एकउ आतमा, दूसर कोऊ नांहि।।

परपीड़ा से द्रवित होने वाले रैदास जी ने अपने अनुयायियों को उपदेश दिया कि दूसरों के प्राण-हरण का कुकृत्य ऐसा ही है मानो कोई ईश्वर का वध कर रहा हो। हमें सभी में समान प्राण तत्व का अनुभव करना चाहिए। भारतीय संतों ने सदा अहिंसा वृत्ति का ही पोषण किया है। कुछ उदाहरण लें-

(1) दादू कोई काहू जीव की, करै आतमा घात।
साच कहूँ सँसा नहीं, सो प्राणी दोजख जात।।

दादूदयाल

(2) क्या बकरी क्या गाय है, क्या अपना जाया।
सबका लोहू एक है, साहिब फरमाया।।
पीर पैगंबर औलिया सब मरने आया।
नाहक जीव न मारिए, पोषण को काया।।

मलूकदास

संत रैदास जाति से चर्मकार थे किंतु उन्होंने कभी भी जन्म-जाति के कारण स्वयं को हीन नहीं माना। उन्होंने कहा कि मनुष्य को जन्म व जाति संबंधी संकीर्ण मनोवृत्ति त्याग कर अपने कर्म सुधारने चाहिए। सुकर्म ही किसी व्यक्ति को ऊँचा या नीचा बनाते हैं। उन्होंने जाति व्यवस्था का विरोध किया-

(1) जन्म जात मत पूछिये, का जात अरु पात।
रविदास पूत सभ प्रभ के, कोउ नहिं जात-कुजात।।

(2) रे चित चेति चेति अचेत काहे, बालमीकौं देख रे।
जाति थैं कोई पदि न पहुच्या, राम भक्ति बिसेख रे।।

रैदास जी ने परमार्थ साधना के लिए सत्संगति का महत्व भी स्वीकारा है। वे सत्संग की महिमा का वर्णन करते हुए कहते हैं, कि उनके आगमन से घर-आँगन पवित्र हो जाता है। संतों के चरण-प्रक्षालन व उस पर सबकुछ न्यौछावर कर देने से मन को असीम सुख व शांति मिलती है, कई जन्मों के बंधन कटते हैं तथा व्यक्ति का उद्धार हो जाता है।

आज नां घौंस नां ल्यौ बलिहारा।
मेरे गृह आया राजा राम जी का प्यारा।।
आगंण बठाण भवन भयो पांवन, हरिजन बैठे हरिजस गावन।

वे साधु निंदकों की कटु आलोचना करते हुए कहते हैं:-

साधु का निंदकु कैसे तरे।
सर पर जानहु नरक ही परै।।

फिर साधु के शील स्वभाव तथा जीवन निष्ठा के विषय में संकेत देते हुए कहते हैं:-

(1) रविदास सोइ साधु भलो निर्मल जाकै बैन।
जिह कटि दरस और परस सों, मन उपजहि सुख चैन।।

(2) रविदास सोइ साधु भलो, जउ हंसा गति होय।
काम करम सभ छाड़ि करि, राम भजन मँह खोय।।

उन्होंने श्रम व कार्य के प्रति अपनी निष्ठा व्यक्त की तथा कहा कि अपने जीविका कर्म के प्रति हीनता का भाव मन में नहीं लाना चाहिए। उनके अनुसार श्रम ईश्वर के समान ही पूजनीय है। प्रत्येक व्यक्ति को सच्ची व नेक कमाई ही करनी चाहिए।

(1) रविदास स्रम करि खाइहि, जौं लौं पार बसाय।
नेक कमाई जउ करइ, कबहुँ न निहफल जाय।।

(2) नेक कमाई जउ करइ, ग्रह तजि बन नहिं जाय।
रविदास हमारो राम राय, ग्रह मंहि मिलहिं आय।।

संत रैदास तत्कालीन समाज के सांप्रदायिक विद्वेष से भी पूर्णतया परिचित थे। उन्होंने अपने अनुयायियों को सीमित व संकुचित दृष्टिकोण त्यागने की प्रेरणा दी। उन्होंने धर्म के नाम पर होने वाले बाह्य आडंबरों का खंडन किया व कहा कि जहाँ परमात्मा के नाम पर परस्पर मतभेद होते हैं, वहाँ प्रभु के सच्चे स्वरूप की अनुभूति कैसे हो सकती है?

(1) जौ खुदा पच्छिम बसै, तौ पूरब बसत है राम।
रविदास सेवौं तिह ठाकुर कूं, तिह का ठांव न नाम।।

(2) मसजिद सों कछु घिन नहीं, मंदिर सों नहीं पिआर।
दोउ मँह अल्लह राम नहिं, कह रविदास चमार।।

संत-वाणी ने सदा सबको एक प्रभु की संतान मानकर व्यवहार करने का उपदेश दिया है। वह समूची विश्व-चेतना को एकाकार करने का स्वप्न देखती है। रैदास भी यही कहते हैं कि प्रभु ही सबके स्वामी हैं। यह सारा संसार उन्हीं की देन है। हम सब एक ही माटी के भांडे हैं।

(1) एकै माटी के सभ भांडे, सभ का एकौ सिरजनहार।
रविदास व्यापै एकै घट भीतर, सभ कौ एकै घड़ै कुम्हार।।

(2) रविदास एकै ब्रह्म का, होइ रह्यो सगल पसार।
एकै माटी सब घट स्रजै, एकै सभ कूँ सिरजनहार।।

रैदास जी के प्रभु किसी काल या क्षेत्र विशेष की सीमाओं में नहीं बँधे हैं, वे तो घट-घट व्यापी हैं। वह अंतर्यामी तो हम सबके भीतर बसा है। तभी तो हम 'वसुधैव कुटुंबकम' की कल्पना को साकार कर पाते हैं। संत रैदास अपने प्रभु के विषय में कहते हैं-

रविदास हमारो राम जी, दसरथ करि सुत नाहिं।
राम हमउ मँहि रमि रह्यो, विसव कुटुंबह माँहिं।।

रैदास जी ने नाम-स्मरण पर विशेष रूप से बल दिया है। वे कहते हैं कि यदि नाम स्मरण के साथ-साथ भक्ति भी निश्चल व निष्काम हो तो सोने पर

सुहागा हो जाता है। वे कहते हैं:-

ऐसी भगति न होइ के भाई।
रांम नांम बिन जे कुछ करिये, सो सब मरम कहाई।।

वे कहते हैं कि मान, अभिमान व आत्मप्रशंसा आदि भक्ति की राह में बाधक हैं। प्रभु मिलन की राह में सदा अहंकार ही आड़े आता है।

सह की सार सुहागिनी जानै। तजि अभिमान सुख रलिया मानै।
तनु मनु देह न सुनै अंतर राखै। अवर देखि न सुनै न भाखै।।

सुहागिन ही प्रेम के रस, स्वाद व सुहाग के आनंद को जान पाती है उसे ही मिलन के सुख का पता है क्योंकि मिलन में ही वह अपने अभिमान को त्यागती है और अभिमान त्यागने पर ही उसके जीवन में नया रंग व रस आता है। वह अपना तन-मन सबकुछ न्यौछावर कर देती है, कुछ भी अपने पास नहीं रखती। वह न तो किसी को देखती है और न ही सुनती है। उसे केवल अपना प्रिय ही दिखाई देता है। उसके लिए तो सारा जग ही प्रभुमय हो जाता है।

रैदास जी ने एकनिष्ठ भक्ति में बाधक वाध्य साधनों का परित्याग करने को कहा। वे कहते हैं कि तप, चरण वंदना, नृत्य-संगीत व तीर्थ-यात्रा आदि का परित्याग करके ही प्रभु की सच्ची भक्ति का स्वाद लिया जा सकता है। बाह्य साधनों की पूजा अधूरी रह जाती है अतः मनुष्य को मन से ही पूजना चाहिए, मन को ही साधना बनाना चाहिए।

(1) कहा भयौ नाचैं अरु गामैं, कहा भयौ तप कीन्हैं।
कहा भयौं जे चरन पखालै, जो परम तत न हीं चीन्हैं।।

(2) रामहिं पूजा कहा चढ़ाऊँ।
फल और फूल अनूप न पाऊँ.......।।
मन ही पूजा, मन ही धूप, मन ही सेऊँ सहज सरूप।

संत रैदास की मधुर व स्नेहासिक्त वाणी जहाँ एक ओर अपनी सादगी व स्पष्टता से मन मोहती है, वहीं मर्म पर सीधा प्रहार भी करती है। इसे हम प्रेमाश्रयी व ज्ञानाश्रयी वाणी का सेतु मान सकते हैं। उनकी वाणी सहज भाव से मन-प्राण व चेतना को आंदोलित करने का सामर्थ्य रखती है तथा परमात्मा का अन्वेषण कर, संदेश देती है-

बन खोजो पी न मिलै, वन मैं प्रीतम नांहि।
रविदास पी हम बसै, रहियो मानव प्रेमी मांहि।।

संत रैदास ने कठिन व गूढ़ दार्शनिक सिद्धांतों को सहज-सरल भाषा में

जन-जन तक पहुँचाया व प्रेम तथा परस्पर मातृत्व भाव के अद्‌भुत प्रेरणा स्त्रोत बने।

प्रस्तुत पुस्तक में रैदास जी के जीवन से जुड़े महत्वपूर्ण व चामत्कारिक प्रसंगों के अतिरिक्त वाणी भी दी गई हैं। तथा कुछ पदों की सरल व्याख्या भी की गई है, जिनके माध्यम से पाठकगण पदों का भाव जान सकते हैं। संतवाणी एक ऐसा अथाह सागर है, जिसमें जो जितना गहरा बैठता है, उतने ही मोती बटोर लाता है। मैंने भी इस वाणी रूपी सागर में पैठ कर अनमोल रत्न पाए और आपकी सेवा में प्रस्तुत कर दिए हैं। आशा करती हूँ कि आप भी इनका पूरा रसास्वादन करते हुए, कुछ गहन चेतनापरक व सार्थक विचार ले पाएँगे।

इस पुस्तक की रचना में अनेक लेखकों की कृतियों से सहायता प्राप्त हुई। इन कृतियों की सहायता के बिना रैदास-वाणी को समझ पाना असंभव-सा था। मैं उन सभी लेखकों का हृदय से आभार व्यक्त करती हूँ, जिनमें से डॉ. रमेशचंद्र मिश्र (संत रैदास, वाणी और विचार), गोविन्द रजनीश (रैदास रचनावली), डॉ. शुकदेव सिंह (रैदास वानी) तथा इंद्रराज सिंह (संत रविदास) विशेष रूप से उल्लेखनीय हैं।

यह पुस्तक कहाँ तक सार्थक रही, इसका निर्णय सुधी पाठकगण स्वयं ही करें। त्रुटियों के विषय में अवश्य सूचना दें ताकि उन्हें आगामी संस्करण में सुधारा जा सके। संत रैदास की प्रेममयी वाणी सबके जीवन में प्रभु-प्रेम रूपी रस घोल सके- इसी आशा के साथ।

रचना भोला 'यामिनी'

जो तुम तोरौं राम मैं नहीं तोरौं...

संत रैदास बड़ी श्रद्धा व आस्था से कहते हैं कि हे प्रभु! आप चाहे मुझसे अपने नेह का नाता तोड़ दें किंतु मैं ऐसा नहीं कर सकता। आपसे नाता तोड़ कर किससे जोड़ूँ?

रैदास जाति से चर्मकार थे किंतु भक्ति-चेतना इतनी संपन्न थी कि प्रभु के पूजन आराधना व भजन- कीर्तन में ही उनका जीवन व्यतीत हुआ। उन्होंने प्रभु से अपना नेह कभी नहीं तोड़ा वे काशी के रहने वाले थे। उनके माता-पिता तथा निवास स्थान के विषय में कोई भी प्रामाणिक जानकारी नहीं मिलती। विभिन्न विद्वजन अपने-अपने अनुमानों व साक्ष्यों के आधार पर निष्कर्ष निकालते हैं किंतु हम इन सब विवादों में पड़ने की बजाए केवल इतना ही जान लें कि चर्मकार परिवार में जन्मे रैदास जी के पिता का नाम 'रघु' तथा माता का नाम घुरविनिया था। उनके पिता जी जूते बनाने व उनकी मरम्मत का काम करते थे।

रैदास बचपन में प्राय: अपनी माँ के साथ साधु-महात्माओं के प्रवचन सुनने जाते थे। अत: बचपन से ही उनकी वृत्ति धार्मिक थी। माता-पिता ने इन्हें अपने पारिवारिक पेशे से विरक्त होता जान गृहस्थ बनाने का निश्चय कर लिया। उन्हें विवाह के पश्चात् घर से अलग कर दिया गया ताकि वे अपनी जिम्मेवारी समझ सकें किंतु रैदास को तो साधुओं की संगति व हरि सिमरन के सिवा कुछ सूझता ही नहीं था।

पिता त्रास दे वहु समझावै, कुल करनी कहि कछु न कमावै।
बहु आदर करि संत बुलावे, मिलै जो घर में सब भुगताने।।

रैदास जी किसी भी साधु-संत को देखते ही उसकी सेवा में लग जाते और उन्हें अपने हाथों से बनाए जूते पहनाते व यथा संभव सेवा जतन करते।

बाल वेस रविदास को कीनो पिता विवाह।
बड़ो भयो देखि कर्म नित कह्यो खट कर खाह।।
कह्यो खट कर खाहि रास हमरे गृह जोई।
ताकि पनही बनाई देह साधन सभ खोई।।

रैदास जी की पत्नी ने भी पति की सात्विक दिनचर्या में कोई अंतर नहीं आने दिया। वे अपनी छोटी-सी कुटिया में बैठकर जूते गांठते व प्रभु का नाम

लेते। चंदन हो और सुगंध न फैले, ऐसा तो हो नहीं सकता। कुछ ही समय में संत रैदास की ख्याति चारों ओर फैल गई। घोर दरिद्रता में जीवन यापन करने पर भी रैदास अपनी भक्ति में अडिग रहे। वे कबीर व नामदेव आदि संतों के समकालीन थे। उनके जीवन से जुड़ी अनेक चमत्कारी घटनाओं का भी उल्लेख मिलता है, जिनका पुस्तक में अन्यत्र उल्लेख कर दिया गया है। अनेक संत-महात्मा उनका सम्मान करते थे।

संत रैदास को तत्कालीन समाज में जाति-पांति के भेदभाव से संघर्ष करना पड़ा। पुरोहित वर्ग अछूत जातियों को हेय दृष्टि से देखता था। रैदास कहते थे कि कोई भी जन्म से ही शुद्र नहीं पैदा होता। प्रत्येक व्यक्ति की पूजा उसके गुणों के कारण होनी चाहिए। रैदास जी ने कहा-

रविदास जन्म के कारनै होत न कोऊ नीच।
नर कूं नीच करि डारि है ओछे करम की कीच।।

जनम जाति कूं छाड़िकर, करनी जान प्रधान।
इह्‌यो वेद को धर्म है- कहै रविदास बखान।।

वे कहते थे कि ईश्वर पर सबका अधिकार है, फिर चाहे वह किसी भी जाति का क्यों न हो किंतु तत्कालीन उच्च वर्ग यह कैसे सह सकता था कि चर्मकार संत प्रवचन दे और श्रद्धालुओं की भीड़ उमड़े। उनके विषय में अनेक ऐसी कल्पनाएँ भी गढ़ ली गईं जो उन्हें चर्मकार नहीं ब्राह्मण सिद्ध करती थीं क्योंकि वे पूर्व जन्म के शापित ब्राह्मण थे इसलिए उन्हें भक्तों में गिना गया। भक्ति पर तो द्विजाति का ही अधिकार माना जाता था न! उनका ब्राह्मणत्व सिद्ध करने के लिए कहा जाने लगा कि स्वामी रामानंद जी का शिष्य एक ऐसे बनिए से भिक्षा ले आया। जो किसी चर्मकार से व्यापार करता था।

उस दिन स्वामी जी भोग लगाने बैठे तो ठाकुर जी ने भोग स्वीकार नहीं किया। स्वामी जी ने पूछताछ की तो सारी बात पता चली। उन्होनें उस शिष्य को श्राप दिया-

"जा तू चमार के यहाँ जन्म ले।"

उस ब्राह्मण ने चमारिन माँ के गर्भ से जन्म तो ले लिया किंतु अछूत माँ के स्तनों से दूध नहीं पिया। शिशु रैदास को पूर्वजन्म में हुई भूल का पश्चाताप था। जब स्वामी रामानंद ने आकर उसे राममंत्र का उपदेश दिया तभी उसने अपनी माता का दूध पिया।

इस विचित्र कथा का सार तो यही समझा जा सकता है कि यह जनश्रुति उनकी श्रेष्ठता सिद्ध करने के लिए बनी जबकि संत रैदास अपनी जाति का उल्लेख करने में कभी संकोच नहीं करते थे।

- जाति भी वोंछी, जनम भी वोछा।

- कहै रैदास खलास चमारा।

- जाके कुटुंब के ढेढ़ सभ ढोर ढोवंत।
फिरहिं अजहु बनारसी आस-पास।।

- मेरी जाति कमीनी पांति कमीनी। ओछा जनमु हमारा।
तुम सरनागति राजा रामचंद्र। कहि रविदास चमारा।।

रैदास उच्च कोटि के आध्यात्मिक संत थे। उन्होंने अपनी वाणी से आध्यात्मिक व बौद्धिक क्रांति के साथ-साथ सामाजिक क्रांति का भी आह्वान किया वे प्रभु राम को ही परम ज्योति के रूप में स्वीकारते थे तथा निर्गुण तत्व का मौलिक निरूपण करते थे।

रैदास के समकालीन संत

रैदास जी के महान व्यक्तित्व व उदार विचारधारा से अनेक समकालीन संत भी प्रभावित हुए। उन सब ने प्रेम व श्रद्धापूर्वक रैदास जी के गुणों की चर्चा की है।

स्वयं संत कबीर उनकी प्रशंसा में कहते हैं:

साधुन में रविदास संत हैं, सुपय ऋषि सो मानिया।
हिंदू-तुर्क दुई दीन बने हैं, कछु नहीं पहिचानिया।।

रैदास जी भी कबीर के प्रशंसकों में थे। दोनों वाराणसी में ही रहते थे। संभवत: दोनों की भेंट भी अवश्य होती होगी। कई स्थान पर कबीर तथा रैदास के बीच हुए संवाद का पता चलता है। झाली रानी के निमंत्रण पर चित्तौड़ जाने से पूर्व रैदास जी ने कबीर से सम्मति ली। वे कबीर की प्रशंसा में कहते हैं।

(1) हरि के नाम कबीर उजागर।
जनम-जनम के काटे कागर।।

(2) निरगुण के गुण देखो आई।
देही सहित कबीर सिधाई।।

रैदास जी की वाणियों को गुरु ग्रंथ साहिब में भी स्थान मिला। उनकी वाणी के संबंध में नामा जी कहते हैं:

संदेह ग्रंथि खंडन निपुन वानी विमल रैदास की।

परवर्ती संतों के वाणी उल्लेख में भी संत रैदास के व्यक्तित्व का भव्य रेखांकन हुआ तथा उनके विषय में कई ऐतिहासिक व प्रामाणिक जानकारियाँ मिलीं।

एकनाथ जी

रोहिदास चमार सब कुछ जाने, कठौटे गंगा देख।

हरिदास जी

जन रविदास नीच कुल ऊँचा, तांकू तीन लोक सब जाणैरे।
जन हरिदास वै निरभं वेश्यो, ताते उलटी ताणै रे।।

रूपदास जी

पीया जन रविदास पुनि सुमरे सुखदाई रे।
पीया पियाला प्रेम का उर तपन बुझाइ रे।।

दयावाई

भेंटो जब रविदास कूं लीन्हो भुजा पसार।
हरि लीला रीझै नहीं अचरज कहो अपार।।

सेवादास

राम रस पीयारे पीना ही आनंद होय।
सांझै सेन पियौ रविदासा मीरा प्रेम बड़ाई रे।।

दादूदयाल

अमृत राम रसायण पीया, ताथैं अमर कबीर कीया।
राम राम कहि राम समाना। जन रविदास मिले भगवाना।।

रज्जब अली

आदि मिली जयदेव कूं, रैदास मानी।

सुंदर दास

जन रविदास साधि सूरातन, विप्रन मार मचाई रे।

तुकाराम

निवृत्ति ज्ञानदेव सोपान चांगा जी, मेरे जो के है जी नामदेव।

रैदास जी कवि होने के साथ-साथ एक क्रांतिकारी व मौलिक विचारक भी थे। उन्होंने परमात्मा से संपर्क जोड़ने के लिए नामस्मरण, आत्मसमर्पण व दीन भावना का सहारा लिया तथा अपने पदों में समाज के दीन-हीन वर्ग के उत्थान की कामना की। रैदास जी की भक्ति का रूझान इतना बढ़ा कि वे प्रभु का मानसी पूजन करने लगे व प्रभु से प्राप्त पारसमणि को भी अस्वीकार कर दिया।

घोर निर्धनता के बावजूद उनका यही कहना था–

माधवे पारस मनि लइ जाउ।
मोहि सोने का नहीं चाउ।।

रैदास जी ने अपने जीवन के अंतिम वर्षों में भारत भ्रमण किया तथा दीन–हीन दलित समाज को उत्थान की नई दिशा दी। उन्होंने समाज को अपने आदर्शमयी जीवन का उदाहरण प्रस्तुत किया। उन्होंने श्रम का महत्व प्रतिपादित किया व लोगों को समझाया कि नेक कमाई करने वाले ही पुण्य के अधिकारी होते हैं। खोटे काम और खोटी कमाई करने वाले सदा नरकगामी होते हैं तथा यमलोक के कष्ट सहते हैं। उन्होंने कहा:

श्रम को इसुरी जानि कै, जो पूजे दिन–रैन।
रविदास तिन्हें संसार में, सदा मिले सुख–चैन।।

कालांतर में भारत के विभिन्न भागों में रैदास जी को रविदास, रहदास व रोईदास आदि नामों से भगवान का अंश मानकर पूजा जाने लगा तथा अनेक स्थानों पर उनके मंदिर बने। संत रविदास आज भी समाज विशेष में भगवान मानकर पूजे जाते हैं। उनकी स्मृति में प्रतिवर्ष रविदास जयंती का भी आयोजन होता है।

महाकवि निराला ने उनके प्रति श्रद्धासुमन अर्पित करते हुए कहा है......

.... छुआ पारस भी नहीं तुमने, रहे।
कर्म के अभ्यास में अविरत बहे।।
ज्ञान गंगा में समुज्ज्वल चर्मकार।
चरण छूकर कर रहा मैं नमस्कार।।

रैदास जी के चमत्कारी प्रसंग

हमारे देश में संतों की ऐसी परंपरा रही है, जो किसी भी प्रकार के चमत्कारों तथा पाखंड के विरुद्ध है, किंतु प्रत्येक संत-महात्मा की जीवनी में किसी न किसी प्रकार के चमत्कारी प्रसंग अवश्य होते हैं। उनके शील आचरण व निर्मल स्वभाव के कारण ये घटनाएँ जनश्रुतियों के रूप में पीढ़ी दर पीढ़ी चलती हैं। अंधश्रद्धा के बल पर टिकी ये जनश्रुतियाँ भक्तों व श्रद्धालुओं की अगाध श्रद्धा व विश्वास का निरूपण करती हैं।

संत रैदास जी के साथ भी ऐसे ही कुछ चमत्कारी प्रसंग जुड़े हैं, ये चमत्कार उन्हें अलौकिक व अवतारी सिद्ध करने के लिए बने हैं। इनकी सत्यता व प्रामाणिकता के विषय में तो कुछ नहीं कह सकते किंतु ये गुरु व शिष्य, संत व उनके अनुयायियों के बीच बने प्रेम व श्रद्धा सेतु का परिचय अवश्य देते हैं।

गंगा की भेंट

संत रविदास गंगा मैया की विधिवत पूजा करते थे किंतु प्रतिदिन अपना काम छोड़कर गंगा मैया के दर्शन व स्नान का पुण्य लाभ पाने का समय नहीं मिलता था। वे काशी में जूतों की दुकान पर काम करते थे। एक बार एक श्रद्धालु ने उन्हें बताया कि वह गंगा जी के दर्शन करने जा रहे हैं। संत रविदास ने आदर सत्कार के पश्चात् कहा-

''ब्राह्मण महोदय! यदि हो सके तो मेरी ओर से गंगा मैया को यह सुपारी भेंट कर दीजिएगा।''

पुरोहित ने अपनी पूजा-अर्चना की व माँ गंगा की जलधार में अपनी भेंट अर्पित की तभी उसे रविदास जी की भेंट याद आई। उसने ज्यों ही सुपारी को गंगा की ओर फेंका। तभी दो हाथ लहरों से ऊपर उठे व सुपारी थामकर अन्तर्धान हो गए। वह तो अचरज से देखता ही रह गया।

कुछ ही देर में स्वयं गंगा मैया जलधार से प्रकट हुईं। उनके हाथ में एक स्वर्ण कंगन था। सोने का कंगन पुरोहित को देकर बोलीं-

''यह भक्त रैदास को मेरी ओर से प्रसाद के रूप में दे देना।''

रविदास जी के पुण्य प्रताप से पुरोहित को भी माँ गंगा के दिव्य दर्शनों का सौभाग्य प्राप्त हुआ। उसने मन ही मन सोचा-

"निश्चय ही रैदास जी पहुँचे हुए संत हैं, तभी तो माँ स्वयं उनके लिए भेंट लेकर आई हैं।"

ऐसे सद्विचारों के साथ-साथ हीरों से जड़ा कीमती कंगन देखकर मन में लोभ भी आ गया। पुरोहित ने जड़ाऊ कंगन को हाथों ही हाथों में तौला और पुरस्कार पाने की आशा से एक योजना बना ली। उसने निश्चय किया कि वह राजा को कंगन भेंट करके दान स्वरूप पुरस्कार पाएगा।

महाराज से सारी वास्तविकता छिपाते हुए उसने कंगन भेंट कर दिया। महाराज ने पुरोहित को ढेर-सी दान-दक्षिणा दे कर विदा दी और अपनी रानी को वह कंगन भेंट कर दिया। रानी तो कंगन पाकर मुग्ध हो उठी। नारी कौतूहल वश उसने राजा से कहा-

"कंगन तो जोड़ी में ही बनते हैं। इस कंगन का जोड़ीदार कहाँ हैं?" राजा क्या प्रत्युत्तर देते। वे उस समय चुप ही रहे किंतु रानी ने तो जैसे दूसरा कंगन पाने की हठ ही ठान ली थी। राजा के सुनारों ने वैसा कंगन तैयार करने की कोशिश की पर वे वैसा कंगन नहीं बना सके।

रानी की हठ इतनी बढ़ी कि इस विषय में उनका अपने पति से मनमुटाव हो गया। राजा ने उसी पुरोहित को खोजकर लाने का आदेश दिया। सैनिक कुछ ही घंटों में पुरोहित को खोज लाए। महाराज ने कहा-

"पुरोहित! तुम्हारा उपहार तो हमारे लिए मुसीबत बन गया। यदि तुम दूसरा कंगन लाओ तो रानी का मन शांत हो अन्यथा मुझे उनका कोप सहना पड़ेगा।"

पुरोहित के चेहरे का रंग ही उड़ गया। भला वह दूसरा कंगन कहाँ से लाता। वह तो माता गंगा का दिया हुआ दिव्य कंगन था, जो उन्होंने प्रेमवश अपने रविदास को भेजा था।

कहते हैं कि बुरे कर्म का फल भी बुरा ही होता है। पुरस्कार के लोभ में रविदास जी से छल किया और उनकी भेंट राजा को दे दी। अब पुरोहित के प्राणों पर बन आई। राजा ने अनुनय-विनय के पश्चात् कहा- "यदि सीधे तरीके से दूसरा कंगन नहीं दिया तो कैद कर लिए जाओगे।"

यह सुनते ही पुरोहित हाथ जोड़कर बोला-

"महाराज! अपराध क्षमा हो। वह कंगन मेरा नहीं था वह तो गंगा मैया ने अपने भक्त संत रैदास के लिए भेजा था। मैंने लोभवश उसे आपको दे दिया। अब वैसा दूसरा कंगन जुटाने की क्षमता मुझमें नहीं है। यह काम तो संत रैदास ही कर सकते हैं।"

राजा यह सुनकर विश्वास नहीं कर सके किंतु पुरोहित के बार-बार कहने पर उन्हें यह मानना ही पड़ा। कथन की सत्यता जांचने के लिए वे सब संत रैदास के पास पहुँचे। रैदास जी जूते गांठ रहे थे और पास ही कठौती में पानी पड़ा था।

पुरोहित ने आदि से अंत तक सारी कथा सुनाकर अपने अपराध की क्षमा माँगी व संत रैदास से कहा-

"आप कृपया हमारे साथ गंगा घाट तक चलें ताकि उनसे वैसा ही एक कंगन लिया जा सके।"

संत रैदास ने पास पड़ी कठौती में हाथ डालते हुए कहा-

'मन चंगा तो कठौती में गंगा'

ज्यों ही उन्होंने माँ गंगा को स्मरण कर पानी में हाथ डाला। उनके हाथ में वैसा ही एक कंगन आ गया। उन्होंने उसी क्षण वह कंगन राजा को दे दिया। रानी दिव्य कंगनों की जोड़ी पाकर निहाल हो गईं। पुरोहित के साथ-साथ राजा-रानी भी संत रैदास के शिष्य बन गए व उन्हें गुरु की तरह मान-सम्मान देने लगे।

कृष्ण की पारस भेंट

एक किंवदंती के अनुसार स्वयं श्रीकृष्ण महात्मा के रूप में संत रैदास की परीक्षा लेने आए थे। रैदास जूते गांठकर अपनी जीविका चलाते थे। वे किसी दूसरे के धन को छूना भी पाप समझते थे।

कृष्ण रूपी महात्मा ने अतिथि के रूप में रैदास की कुटिया में प्रवेश किया। रैदास ने उनका आदर-सत्कार किया। भोजन के पश्चात् सत्संग हुआ। जाते समय महात्मा ने अपनी झोली से पारसमणि निकालकर दिखाई व उसे लोहे से छू दिया। लोहे से छूते ही कमाल हुआ। लोहा सोने में बदल गया। महात्मा ने कहा-

"संत रैदास! मेरी ओर से छोटी-सी भेंट स्वीकारें। यह पारसमणि रख लें। इससे आपके जीवन की निर्धनता दूर हो जाएगी व भजन-पूजन के लिए भी पर्याप्त समय मिलेगा।"

रैदास बोले

''महाराज, मुझ जैसे व्यक्ति के लिए यह किसी काम की नहीं है। मैं तो अपनी आजीविका बड़े मजे से चलाता हूँ। मुझे अपनी गरीबी का कोई दुख नहीं है। रही बात पूजन के समय की, तो मैं तो काम करते-करते ही अपने राम का नाम सिमरन करता रहता हूँ। तब मेरा काम ही पूजा बन जाता है। आप यह भेंट किसी दूसरे को दे दें।''

यह सुनकर भी महात्मा नहीं माने और बोले- ''शायद आज आपको इसकी आवश्यकता न हो लेकिन आने वाले समय में तो पड़ ही सकती है अतः मैं इसे यहीं रख जाता हूँ। वापिस आकर ले लूँगा।"

"अच्छा, झोंपड़ी के खप्पर में रख दें।" कहकर रैदास अपने काम में तल्लीन हो गए। कुछ माह पश्चात् महात्मा जी पुनः आए और पारसमणि के बारे में पूछा तो रैदास बोले-

"वह तो वहीं पड़ी होगी, जहाँ आप रख गए थे। मुझे उसकी कोई आवश्यकता ही नहीं पड़ी।''

महात्मा रूपी कृष्ण अपने असली रूप में आ गए व संत रैदास को आशीर्वाद दिया-

"भक्त! तुम माया से परे, सच्चे संत हो, तुम्हारी सदा जय जयकार होगी।"

रविदास जी की भक्ति परीक्षा

भक्त भेषधारी हरि ने देखा कि रैदास को पासमणि का मोह भी नहीं व्यापा तो उन्होंने एक नया ही कौतुक रचा। जब भी संत ठाकुर सेवा करते तो वहाँ उन्हें एक अशर्फी पड़ी मिलती। वे तो जूते गांठकर नेक कमाई करने में ही विश्वास रखते थे अतः इसे विघ्न मानकर वे ठाकुर सेवा में हिचकिचाने लगे। तब प्रभु ने स्वयं प्रकट होकर उनसे अशर्फी रखने की विनती की तथा कहा।

''छोड़ो अरि औ राखो मेरी जीति की को''

प्रभु के अनुनय से बाध्य होकर रैदास ने अशर्फियाँ रख तो लीं किंतु उन्हें अपने ऊपर व्यय करने की बजाए रातों-रात एक भव्य मंदिर बनवा दिया। सभी भक्तगण धन्य-धन्य कह उठे। संत वहाँ उपदेश देते। यह देखकर ब्राह्मण वर्ग क्रोधित हो उठा। उन्होंने राजा से शिकायत की-

''महाराज! रविदास शूद्र होकर भी उपदेश देता है वह धर्म का झूठा प्रचार कर लोगों को भ्रमित कर रहा है। उसे इसी क्षण रोकना होगा।''

महाराज स्वयं उस मंदिर में पहुँचे व रैदास से कहा-

''तुम जाति के शूद्र हो अतः तुम्हें उपदेश देने का कोई अधिकार नहीं है। यदि तुमने धर्म का झूठा प्रचार बंद नहीं किया तो तुम्हें दंडित किया जाएगा।''

रैदास बोले-

''राजन! हम सब एक ही पिता के पुत्र हैं। ब्राह्मण, क्षत्रिय, वैश्य व शूद्र, सभी उसी से उत्पन्न हुए हैं। मैं किसी को उपदेश नहीं देता। मैं जब प्रभु का भजन करता हूँ तो लोग स्वयं मेरे पास आ बैठते हैं और सत्संग होने लगता है। उस समय हम सभी प्रभु की माधुरी का जी भर कर पान करते हैं।'' राजा ने पुरोहित वर्ग की ओर देखा। वे तो कोई न कोई निर्णय करवाने के लिए तुले बैठे थे।

तब उन्होंने कहा-

"ठीक है, मैं दोनों पक्षों की परीक्षा लूँगा। इस परीक्षा में जो उत्तीर्ण होगा उसे ही प्रभु का सच्चा भक्त माना जाएगा।"

"परीक्षा, कैसी परीक्षा....?" पुरोहित चौंके।

संत रैदास के माथे पर शिकन तक न उभरी। वे बोले

"राजन! जो अपने प्रभु पर अगाध विश्वास व श्रद्धा रखते हैं, वे किसी

परीक्षा से नहीं घबराते। आप कहें, हमें क्या करना है।"

"भगवत् विग्रह को मंदिर के बीच विराजमान करो। दोनों पक्ष इसके दोनों ओर बैठें व ठाकुर को अपने पास बुलाने के लिए प्रार्थना करें। जिसकी प्रार्थना स्वीकार होगी, उसे ही ठाकुर का सच्चा भक्त माना जाएगा।" राजा ने कहा।

पुरोहित वर्ग ने मंत्र-पाठ व स्त्रोतोच्चारण के साथ एड़ी-चोटी का जोर लगाया पर सिंहासन टस से मस नहीं हुआ। संत रैदास ने अत्यंत आतुर हो प्रार्थना की-

'पतित पावन नाम कीजिये प्रगटु आज'

ठाकुर जी स्वयं उनकी गोद में आ विराजे। हरि ने स्वयं ही यह सब खेल रचा था ताकि उनके भक्त की महिमा उजागर हो सके। महाराज बोले-

"आप लोगों ने इतने महान संत की निंदा की है अतः आप सब दण्ड के भागी हैं। आप रविदास जी को पालकी में बिठाकर पूरी काशी घुमाएँगे।"

रैदास जी का पुष्प-मालाओं से स्वागत हुआ। स्वयं महाराज भी शोभा यात्रा में शामिल हुए। उक्त घटना के साक्षी के रूप में प्रस्तुत पद माना जाता है।

ऐसी लाल तुम विन कउनु करै।
गरीब निवाजु गुसईयां मेरा माथे छतर घरै।।
जाकी छोति जगत कउ लागे तापर तुहीं ढरै।
नीचहु ऊँच करै मेरा गोविदं काहु ते न डरै।।

कमाली को दिव्य ज्ञान-प्राप्ति

कहते हैं कि रविदास जी की प्रसिद्धि सुनकर संत कबीर उनके पास आए। जब दो महात्मन् मिलते हैं तो प्रभु व ज्ञान की चर्चा होना स्वभाविक ही है। सत्संग व भगवद् चर्चा से कबीर जी को बहुत आनंद हुआ। वे बोले-

''रैदास जी! आप तो तत्व ज्ञानी हैं। आपकी सदा जय हो!''

रैदास जी ने अपनी कठौती में से जल देते हुए कहा- "संतजन! ये मेरा प्रसाद है, इसे ग्रहण करें।"

संत कबीर रैदास जी के दिए गए अमृतजल को ले तो आए किंतु वह कठौती में से दिया गया था इसलिए उन्होंने उसे नहीं पिया। उन्होंने जल तो गिरा दिया पर उसकी तुंबी घर ले आए।

उनकी पुत्री कमाली ने देखा कि पिता रैदास जी के यहाँ से तुंबी लाए हैं। उसमें थोड़ा-सा जल शेष था। वह अमृत जल पीते ही कमाली को तीन लोकों का दिव्य ज्ञान प्राप्त हो गया।

उसने देखा कि मुल्तान शहर में आग लगी हुई है। वह वहीं खड़ी होकर, कुएँ से जल निकाल-निकालकर फेंकने लगी ताकि वहाँ लगी आग बुझ जाए। जब वहाँ आग बुझ गई तो कमाली ने पानी फेंकना बंद कर दिया लोगों ने पूछा-

"कमाली तुम पानी कहाँ फेंक रही थीं?"

"मैं मुल्तान शहर में लगी आग बुझा रही थी" कमाली ने कहा।

लोगों ने मुल्तान शहर में जाकर पता किया तो लोग बोले-

''यहाँ आग तो लगी थी पर जाने कहाँ से जल गिरता रहा और आग बुझ गई।"

सबने पूछा-

''कमाली तूने ऐसी शक्ति व भक्ति कहाँ से पाई?''

कमाली ने कहा

''मेरे पिता जी तुंबी में रैदास जी का अमृत जल लाए थे। यह उसी का चमत्कार है।''

यह सुनकर कबीर जी भी आश्चर्य में पड़ गए और संत रैदास जी की ख्याति और भी फैल गई।

संत रैदास व सदना कसाई

रैदास जी कहते थे-

(1) प्राणी वध नहिं कीजयहि, जीवह ब्रह्म समान।
रविदास पाप नंकरोर गउन करि दान।।

(2) दया भाव हिरदै नहीं, भरवहिं पराया मास।
ते नर नरक मँह जाइहिं, सत भाषै रविदास।।

(3) रविदास जीव मत मारहिं, इक साहिब सभी मांहि।
सम मांहि एकउ आत्मा, दूसर कोऊ नांहि।।

रैदास जी कहते थे कि जीव-हत्या पाप है अत: मनुष्य को शाकाहारी भोजन करना चाहिए। कुछ मुसलमानों ने भी उनके उपदेश सुने व प्रभावित होकर उनके सेवक बन गए उन्होंने भी मांसाहार व जीवहत्या को त्याग दिया।

सदना नाम का एक कसाई था। उसने यह बात सुनी तो उसे लगा कि रैदास इस्लाम विरोधी हैं। वे मुसलमानों को बहकाकर उन्हें उनके धर्म से विमुख करना चाहते हैं। उसने दिल्ली के राजा से शिकायत की-

''काशी का एक संत लोगों को भ्रमित कर रहा है। मुसलमान भी उसके उपदेश मानने लगे हैं। उस संत को अभी से रोकना होगा अन्यथा वह आगे चल कर परेशानी का कारण बन सकता है।''

राजा ने कसाई की बात मानकर, रैदास को पकड़ कर लाने के लिए सैनिक भेज दिए। रैदास जी से कुछ भी कहे-सुने बिना, उन्हें कैद में डाल दिया गया।

कहते हैं कि रात को ही उन्हें भगवान नारायण ने दर्शन दिए व कहा।

"हे भक्त! निर्भय रहो, तुम्हारा बाल भी बांका नहीं होगा।"

प्रभु की कृपा से सभी पहरेदार सो गए और उन्होंने अपनी माया से रातों-रात रैदास जी को काशी पहुँचा दिया कारागार में ताले लगे रहे और पहरेदार सोते रह गए।

अगली सुबह रैदास जी को दरबार में पेश करने का हुक्म हुआ। सैनिकों ने ताला खोल कर देखा तो वहाँ कोई नहीं था।

राजा स्वयं सदना कसाई के साथ काशी जा पहुँचा। जाकर देखा कि रैदास जी बड़े प्रेम भाव से सत्संग कर रहे हैं। सदना चिल्लाया-

"अरे, यह तो कोई जादूगर मालूम पड़ता है। जेल के ताले तोड़े बिना यहाँ कैसे पहुँच गया?"

राजा ने भी उनका सत्संग सुना और श्रद्धा से नतमस्तक हो बोले-

सदना! ये न तो कोई हमारे-तुम्हारे जैसे साधारण पुरुष हैं और न ही कोई जादूगर, ये तो कोई पहुँचे हुए संत हैं, जो हम जैसे भटके हुए लोगों को राह दिखाने आते हैं।"

उन्होंने मन ही मन रैदास जी को गुरु मानकर प्रणाम किया और वापिस लौट गए।

रैदास जी व शालिग्राम की शिला

एक जनश्रुति के अनुसार संत रैदास जी कुंभ पर्व के अवसर पर प्रयाग-संगम गए। वहाँ उन्होंने देखा कि अनेक कथा वाचक अपने-अपने तरीकों से धर्म का प्रचार कर रहे थे। अंधविश्वास में डूबी जनता बिना कुछ सोचे-समझे, उनकी जय-जयकार कर रही थी।

संत रैदास जी ने अपना शालिग्राम प्रतिष्ठित किया व भक्त जनों को प्रवचन देने लगे। तभी वहाँ कुछ अभिमानी पंडित आ पहुँचे व बोले-

''यदि इतने ही ज्ञानी हो तो शास्त्रार्थ करो, देखें किसकी विजय होती है।''

रैदास जी तो ऐसे वाद-विवाद से कोसों परे अपने में ही मग्न रहते थे। उन्होंने अस्वीकार कर दिया। इर्ष्यालु पंडित कहाँ शांत रहने वाले थे। वे बोले-

''यदि तुम्हारे शालिग्राम सच्चे हैं तो इन्हें गंगा नदी पर तैरा कर दिखाओ।''

''नहीं, ये तो मेरे जीवन आधार हैं, मैं अपने प्रभु को पानी में नहीं फेंक सकता।'' रैदास ने उत्तर दिया।

वे पूर्ववत् प्रवचन देते रहे। तभी वे भावावेश में आकर प्रभु से भवसागर पार उतारने की प्रार्थना करने लगे। यह पद सुनकर तो पंडितों को और भी जोश आ गया। वे बोले-

"भवसागर तो बहुत दूर की बात है, अपने प्रभु से कहो कि वे जलधारा में शालिग्राम ही तैरा कर दिखा दें।''

रैदास जी तो शांत रहे किंतु उनके अनुयायी आग्रह करने लगे। तब वे बोले-

''विप्रजन! पहले आप अपना शालिग्राम गंगा में तैरा कर दिखाएँ।''

पंडित तो अपने धर्म व भक्ति के अहंकार में मग्न थे। उन्होंने अपनी शालिग्राम को मंत्रों से अभिमंत्रित करके जलधार पर छोड़ा। पर यह क्या, देखते ही देखते ही उनके शालिग्राम रसातल में पहुँच गए।

रैदास जी ने भी प्रभु नाम अंकित शालिग्राम शिला को जलधार में तैराया। वह जल के ऊपर तैरने लगी। यह दृश्य देखते ही समूचा जनसमुदाय जय-जयकार कर उठा।

इसी जनश्रुति के साथ रैदास रचित एक पद भी गाया जाता है-

बापुरा संत रविदास कहै रे।
ज्ञान ज्ञानं विचार चरन चित लावं, हरि की सरनि रहै रे।।
पाती तोड़े पूजि रजावै। तारन तरन कहै रे।
मुरति माहिं बसे परमेसुर, तौ पानी माँहि तिरे रे।।
त्रिविध संसार कौन विधि तिरिवो, जे दृढ़ नांव न गहै रे।
नाव छाड़ि जे डूंगे बसे, नौ दूना दुख सहै रे।।

रैदास जी की शिष्या झाली रानी

राजपूताने की रानी झाली काशी की यात्रा पर आई तो संत रैदास जी की ख्याति चारों ओर फैली थी। चर्मकार रैदास के अद्‌भुत व्यक्तित्व से प्रभावित होकर रानी ने उन्हें अपना गुरु धारण किए। इस संबंध में प्रियदास जी ने अपनी परिचै में लिखा है–

बसत चित्तौड़ मांझ रानी इक झाली नाम।
नाम बिन कान खाली आनि शिष्य भई है।।
संग छुते विप्र सुबि छिप्त तन आगि लागी।
भागी मति नृप भीर आगे सब गई है।।
वैसे ही सिंहासन पै आई के विराजें प्रभु।
पढ़े वंद वानी पै न आये यह नई है।।
पतित पावन कीजिये प्रगटु आज।
गायी पद गोद आई बैठे भक्ति लई है।।

झाली रानी उनकी शिष्या बनी तो उच्च वर्ग क्रुद्ध हो उठा। एक ऊँचे कुल की रानी चर्मकार को अपना गुरु मानेगी तो ब्राह्मणों का क्या होगा। चारों ओर खलबली मच गई। रानी ने संत से अभयदान माँगा व उन्हें चित्तौड़ आने को कहा। संत रैदास ने कबीर आदि संतजन से परामर्श करने के पश्चात् चित्तौड़ जाने का निश्चय किया।

आज्ञा लई कबीर की, पुनि हरि आज्ञा दीन।
रमन मतौ चितौड़ को, जन रैदास तब कीन।।

झाली रानी के निमंत्रण पर संत रैदास चित्तौड़ पहुँचे तो उनका भव्य स्वागत हुआ तथा उनके सम्मान में प्रीतिभोज भी दिया गया। ब्राह्मण समाज राजवंश के निमंत्रण को न तो नहीं कर सका किंतु उसने रैदासियों के साथ बैठकर भोजन करने से मना कर दिया।

उन्हें अलग से रसोई पकाने का सामान दे दिया गया। ब्राह्मण जब अपने हाथों भोजन पकाकर अलग से जमीन पर बैठे तो उन्हें हर दो ब्राह्मणों के बीच एक रैदास बैठा दिखाई दिया। यह अलौकिक दृष्टि विभ्रम देख वे दंग रह गए।

संत रैदास जी सत्संग में मग्न थे। अब पंडितों ने उनके अपमान का दूसरा बहाना बनाया व बोले-

"तुम एक शूद्र होकर मंदिर में कैसे आए। यदि तुम भी हिंदुओं की तरह पूजा के अधिकारी हो तो अपना यज्ञोपतीत दिखाओ। हिंदु तो यज्ञोपतीत धारण करते हैं।"

कहते हैं कि संत रैदास ने त्वचा चीर कर पूरे जनसमुदाय को स्वर्णिम यज्ञोपतीत दिखाया व कहा-

"कोई भी व्यक्ति केवल सूत का धागा पहनने से शुद्ध नहीं हो जाता। वास्तविक यज्ञोपतीत तो ये श्वास है, जो हर प्राणी के भीतर बसे हैं।"

'भक्तमाल' की प्रियादासी टीका व संत गरीबदास जी की वानी में भी इस घटना का उल्लेख मिलता है।

गई घर झाली नपुनि बोली के पठायो; अघे।
जैसे प्रतिपाली अब तैसे प्रतिपालिए।।
आपहु पधारे उन बहुधन पटवारे।
विप्र सुनि पांव धारे-सीधौ दे निवारिए।।
करि के रसोई द्विज भोजन करन बैठे।
द्वै द्वै मधि एकयौ रविदास को निहारिये।।
देखि भई आंखैं दीन भाखें सिख लाखै भए।
स्वर्ण को जनेऊ काढ़यो, त्वचा कीनी न्यारिये।।

संत गरीबदास भी इस विषय में लिखते हैं:-

रैदास रंगीला रंग है, दिए जनेऊ तोड़।
जग्ग जौनार चोले घेरे, एक रैदास एक गौड़।।

संत रैदास व धनवान सेठ

एक जनश्रुति के अनुसार रैदास नित्य प्रति अपनी कुटिया में सत्संगियों के साथ कथा-कीर्तन करते थे। धीरे-धीरे वहाँ श्रद्धालु भक्तों की भीड़ उमड़ने लगी। सत्संग के बाद रैदास सभी को अपनी कटौती (जिसमें वे चमड़ा भिगोते थे) से चरणामृत ले कर बाँटते थे।

एक दिन एक धनवान सेठ वहाँ से गुजरा तो कीर्तन की मधुर धुन सुनकर वहीं रुक गया। जब कीर्तन के अंत में उसे भी चरणामृत मिला तो उसने उसका पान करने की बजाए सिर के पीछे फेंक दिया। कपड़ों पर कुछ छींटे पड़ गए तो उसने मन ही मन सोचा-

"घर जाते ही ये वस्त्र किसी को दान कर दूँगा। भला अपवित्र वस्त्र भी कहीं पहने जाते हैं।"

सेठ ने घर जाकर कपड़े बदले व राह में बैठे कोढ़ी को दान दे दिए। वे वस्त्र पहनते ही कोढ़ी का रोग जाता रहा व उसका शरीर शोभायमान हो उठा।

इधर सेठ के अपने शरीर पर कोढ़ के दाग उभर आए तो उसे ध्यान आया कि संभवत: यह किसी संत-महात्मा के प्रति हुए अनादर का ही फल है।

उसने ध्यान दिया तो समझ आया कि वह अनजाने में संत रैदास का अपमान कर बैठा है। वह तत्क्षण उनकी शरण में जा पहुँचा व सच्चे हृदय से क्षमायाचना की। रैदास तो क्षमा के साक्षात अवतार थे। उनके मन में सेठ के प्रति कोई क्षोभ नहीं था। कुछ ही दिन में सेठ रोगमुक्त हो गया।

पद (व्याख्या सहित)

(1) अब कैसे छूटै, राम नाम रट लागी।
प्रभु जी तुम चंदन हम पाती जाकी अंग अंग बास समानी।।
प्रभु जी तुम घन वन हम मोरा, जैसे चितवत चंद चकोरा।
प्रभु जी तुम दीपक हम बाती, जाकी जोति वहै दिन राती।।
प्रभु जी तुम मोती हम धागा, जैसे सोनहिं मिलन सुहागा।
प्रभु जी तुम स्वामी हम दासा, ऐसी भक्ति करै रैदासा।।

संत रैदास कहते हैं कि हे प्रभु! अब तो राम रट लग गई है, वह कैसे छूट सकती है। हे प्रभु यदि आप चंदन हैं तो मैं पानी हूँ। यदि आप बादल हैं तो मैं उनका प्रेमी मयूर हूँ जो बादलों को देख खुशी से झूम उठता है। यदि आप चंद्रमा है तो मैं चकोर हूँ, मैं हमेशा आपको उसी तरह निहारता हूँ, जैसे चकोर चाँद को निहारता है। हे प्रभु! यदि आप दीपक हैं तो मैं उस दीपक की वर्तिका हूँ। यदि आप मोती हैं तो मैं मोतियों को पिरोने वाला धागा हूँ। यदि आप स्वर्ण हैं तो मैं सुहागा हूँ, जो सोने से मिलकर उसकी शोभा बढ़ा देता है। तात्पर्य यह है कि मेरा और आपका अस्तित्व अभिन्न है। आप स्वामी हैं तो मैं आपका दास हूँ। मेरे मन में आपके नाम की धुन ऐसी समाई है, जो कभी नहीं थमती। संत रैदास ऐसी ही भक्ति करता है।

(2) संत उतारैं आरती देव सिरोमणिये।
उर अंतरि तहां पैसि, विन रसना मणीयें।।
मनसा मंदिर मांहि धूप धूपाइये।
प्रेम प्रीति की माला राम चढ़ाइये।।
चहुँ दिस दिवला वालि जगमग टोर रह्यों ए।
जोति जोति सम जोति, जोतिहिं मिलि रह्यौं ए।।
तन मन आत्म वारि सदा हरि गाहयै।
भणत जन रैदास, तुम्ह सरताइयै।।

संत रैदास अपने प्रभु की मानस आरती उतारते हैं वे अपने भीतर की चेतना का आसन रमा कर, बिना जीभ के प्रभु का स्मरण करते हैं तथा ऐस पूजा

में किसी मौलिक वस्तु-विधान की आवश्यकता नहीं पड़ती। वे मानसी धूप जला कर, प्रभु को प्रेम-प्रीत की माला अर्पित करते हैं। उनके पवित्र हृदय में सभी ज्योति रूपी जीवात्माएँ स्वयं ही प्रकाशित होती रहती हैं। उनका तन-मन सदा प्रभु पर न्यौछावर होने के लिए प्रस्तुत रहता है। वे प्रभु से कहते हैं कि हे प्रभु! रैदास आपकी शरणागति पाने के लिए उत्सुक है।

(3) **ऐसी लाल तुझ बिनु कउनु करै।**
गरीब निवाजु गुसईंआ, मेरा माथै छत्रु धरै।।
जाकी छोति जगत कउ लागै ता पर तु हीं ढरै।
तीयह ऊँच करै मेरा गोविंदु काहू ते न डरै।।
नामदेव कबीर तिलोचनु सधना सैनु तरै।
कहि रविदासु सुनहु रे, संतहि हरि जीउ तै समै सरै।।

रैदास जी के आह्वान पर जब ठाकुर जी उनकी गोद में आ विराजे थे तो उन्होंने भाव-विभोर होकर यह पद रचा।

वे कहते हैं कि हे प्रभु! तू ही संसार के सभी दीन-हीन जन पर दया कर सकता है। हे प्रभु! तुम्हारे मस्तक पर ही रक्षक का छत्र शोभा जा सकता है। हे प्रभु! संसार जिसे अछूत मानता है, नीच कहके अपमानित करता है, तू निर्भय होकर उसे ऊँचा उठाता है। छीपी नामदेव, जुलाहा कबीर, त्रिलोचन, कसाई सदना व नाई सैन आदि का तूने ही तो उद्धार किया है। रैदास कहते हैं कि संसार के लोगों, प्रभु ही होनी-अनहोनी करने वाले हैं, उनके ही हाथों सब संभव होता है।

(4) **मेष लियो पै भेद न जान्यो।**
अमृत लेई विषै सो मान्यो।।
काम क्रोध में जनम गंवायो, साधु संगति मिलि राम न गायो।।
तिलक दियो पै तपनि न जाई, माला पहिरे घनेरी लाई।।
कह रैदास परम जो पाऊँ, देव निरंजन सत कर ध्याऊँ।।

रैदास जी अपने आस-पास साधु-संतों के बस में घूमने वाले मिथ्याचारियों को कहते हैं कि तूने साधु का भेष तो धर लिया पर प्रभु का भेद-कर्म तो जाना ही नहीं। संत का वेष धारण कर तू अमृत पाने के लिए आगे बड़ा था किंतु विष रूपी विषय सामग्री के मोह में पड़ गया। साधु वेश में रहने पर भी तूने काम-क्रोध व सांसारिक कामों में ही अपना जीवन व्यर्थ कर दिया। तुझे साधु-संतों की संगति में प्रभु का नाम लेने का समय ही नहीं मिला। माथे पर तिलक दे कर भी तेरे जीवन के पाप-ताप शांत नहीं हुए। माला पहन कर भी तो धन का मोह नहीं छोड़ सका।

रैदास कहते हैं कि यदि प्रभु का भाव मन में आता है तो सच्चे मन से उस निरंजन की अराधना करके ही जीवन कृत-कृत्य हो सकता है।

(5) **जो मोहि वेदन का सजि आखूँ।**
हरि बिन जीव न रहै कैसे करि राखूँ।।
जीव तरसै इक दंग बसेरा, करहु संभाल ने सुरिजन मोरा।
विरह तपै तनि अधिक जगवै, नींदड़ी न आवै भोजन नहीं भावै।।
सखी सहेली ग्रव गहेली, जीव की बात न सुनहु सहेली।
मैं रे दुहागिन अधिक रंजानी, गया सोजोबन साध न मानी।।
तू दांनां साईं साहिब मेरा, खिजमतिगार बंदा मैं तेरा।
कहै रैदास अंदेसा एही, बिन दरसन क्यूँ जीवैं हो सनेही।।

भक्त रैदास स्वयं को एक विरहणि मानते हुए कहते हैं कि मैं अपनी पीड़ा कैसे प्रकट करूँ। प्रभु के बिना तड़पते प्राणों को कैसे संभालूँ। मैं अपनी आत्मा को प्रभु से एकाकार करना चाहती हूँ। मुझे कोई भी देव जन सांत्वना नहीं देता। विरह के ताप से मैं इतनी व्याकुल हूँ कि मुझे न तो भूख लगती है और न ही नींद आती है। अन्य जीवात्माएँ अपने ही दर्प में मग्न हैं। वे मेरे प्रिय की बात तक नहीं सुनतीं। मैं अपने ही कर्मों की मारी प्रभु के दर्शनों से वंचित हूँ। मैंने उचित समय रहने पर अच्छा आचरण नहीं किया और आज उसी का फल भुगत रही हूँ। हे प्रभु! तू ही मेरा स्वामी है, मैं तेरा सेवक हूँ। मैं आपसे दर्शन देने की प्रार्थना करता हूँ, आपके दर्शन के बिना मेरा जीना असंभव है।

(6) **रे चित चेति चेति अचेत काहे, वालमीकौं देख रे।**
जाति थैं कोई यदि न पहुच्या राम भगति विसेख रे।।
षट क्रम सहित जु विप्र होते, हरि भगति चित चिढ नांहि रे।
हरि कथा सूँ हेत नाहीं; सुपच तुलै तांहि रे।।
स्वान सत्रु अजाति सब थैं, अंतरि लावै हेत रे।
लोग बाकी कहा जानैं, तीनि लोक पवित रे।।
अजामिल गज गत्तिका तारी, माटी कुंजर की पासि रे।
अैसे द्रुमती मुक्ती कीचे, क्यूँ न तिरै रैदास रे।।

संत रैदास मन को सावधान करते हुए कहते हैं कि अपनी चेतना केंद्रित कर वाल्मीक को देख। ऊँची जाति से कोई प्रभु भक्ति का अधिकारी नहीं होता। सहज व सरल वृत्ति वाला व्यक्ति ही प्रभु के मार्ग पर चल सकता है। षड़कर्मों से मग्न पुरोहित हरि में अपना मन नहीं रमा पाते। उनकी वृत्ति चंडाल के समान

निष्ठुर बनी रहती है। जो सबके प्रति सच्चे हृदय से अपना संबंध स्थापित करता है, वही सच्चा भक्त होता है। तू कुटिलता त्यागकर सबको उस कर्म भाव की प्रेरणा दे, जो तीनों लोकों को पवित्र करता है। उदाहरण के लिए अजामिल गज–कुंजर व गणिका आदि न तो जाति से श्रेष्ठ थे और न ही पूजा अर्चना करते थे किंतु सच्चे हृदय से प्रभु को पुकारने के कारण ही वे तर गए। संत रैदास स्वयं को समझाते हैं कि ऐसे कुटिल बुद्धि वाले भी उद्धार पा गए तो तेरा उद्धार क्यों नहीं होगा?

(7) माटी को पुतरा कैसे नचतु है।
देखै देखै सुनै बोलै दउरिओ फिरतु है।।
जब कुछ पावै तब गरवु करतु है, माइआ गई तब रोतनु लगनु है।।
मन वज क्रम रस कसहि लुभाना। विनसि गइआ जाइ कहूँ समाना।।
हि रविदास बाजी जगु भाई। बाजीगार सउ जोहि प्रीति बनि आई।।

रैदास जी कहते हैं कि जीवन में मिट्‌टी का पुतला मनुष्य अपने ही आकर्षणों के अनुरूप नाचता–फिरता है। देखो! यह कैसे देखता है, सुनता है और कैसे दौड़ता फिरता है। जब इसे कुछ मिल जाता है तो यह उसे पाकर अभिमान करने लगता है, यदि संयोगवश वह वस्तु खो जाती है तो यह रोने लगता है। इस प्रकार यह माटी का पुतला सांसारिक माया–मोह में बंधकर ही अपना पूरा जीवन लगा देता है। फिर विनष्ट हो कर किसी दूसरी योनि में जन्म लेता है। रैदास अपने भक्तों को समझाते हैं कि यह संसार तो बाजीगर का खेल है। मेरी इस बाजी से कोई आसक्ति नहीं है, मेरी प्रीति तो उस प्रभु रूपी बाजीगर से ही लगी रहती है।

(8) रांमहि पूजा कहा चढ़ांऊँ।
फल अरू फूल अनूप न पांऊँ।।
थनहर दूध जु बछ जुठार्‌यौ पहुप भवर जल मीन विहार्‌यौ।
मलियागिर बेचियो भवंगा विष अंम्रित दोऊँ संगा।।
मन ही पूजा मन ही धूप, मन ही सेऊ सहज सरूप।
पूजा अरचा न जांपूं रांम तेरी, कहै रैदास कब न गति मेरी।।

संत रैदास स्वयं प्रभु से पूछते हैं कि हे प्रभु मैं तेरी सेवा के लिए कौन–सी पूजा–सामग्री अर्पित करूँ? ऐसे फल या फूल कहाँ से लाऊँ, जो अनुपम हों। अगर तुझे दूध का भोग लगाऊँ तो वह भी जूठा ही होगा क्योंकि उसे तो बछड़ा गाय के थन में ही जूठा कर देता है फूल चढ़ाऊँ तो भँवरा पहले ही उसे सूंघ कर जूठा कर देता है। मछली जल को पहले ही जूठा कर देती है। इन वस्तुओं से मैं तुम्हारी पूजा विधि कैसे संपन्न कर सकता हूँ। चंदन चढ़ाना चाहूँ

तो उसे भी विषैले सर्प दूषित कर देते हैं। अतः मैंने मानसी पूजा का निश्चय किया है मैं मन ही मन तुम्हारे स्वरूप का पूजन करता हूँ। सच तो यह है कि मैं तुम्हारे पूरे स्वरूप का पूजन कर ही नहीं सकता क्योंकि मैं पूरी तरह जानता ही नहीं। जाने बिना पूजा कैसे करूँ? फिर रैदास मन ही मन सोचते हैं कि उनकी इस सोच से कहीं प्रभु रूष्ट तो नहीं हो जाएँगे।

(9) कौंन भगति थैं रहै प्यारे पाहुनौ रे।
घरि घरि देखौं मैं अजब अभावनो रे।।
मैला मैला कपड़ा के ताकि धोऊँ। आवै आवै नींदड़ी कहाँ लौ सोऊँ।।
ज्यूँ ज्यूँ जोड़ौं त्यूं त्यूं फाटे। झूठे से बनजिरे, उठि गए हाटे।।
कहें रैदास पर्‌यो जब लेखौ। जोई जोई कीयौ रे, सोई सोई देखौ।।

रैदास जी आत्मविश्लेषण करते हैं कि किस युक्ति से प्रिय अतिथि का निवास चिरस्थाई हो जाए। वे सदा के लिए मेरे हृदय में बस जाएं। प्रत्येक हृदय में मैंने एक विचित्र प्रकार की शून्यता ही देखी है। हृदय में भावों का अभाव है। हृदय रूपी वस्त्र को धोकर कितना साफ किया जाए कि वह प्रभु के अनुकूल हो सके। फिर रैदास अपनी प्रमाद वृत्ति पर विवशता दिखाते हैं कि भक्ति-भाव साधने में मुझे आलस्य ही बना रहता है, पर मैं कहाँ तक सोता रहूँ, अब तो जागने का समय आ गया है। मैं फटे हुए भक्ति वस्त्र को जितना सीता हूँ वह उतना ही फटता चला जाता है अर्थात भक्ति के सभी उपाय निष्फल हो जाते हैं। जो भी झूठ है, वह नष्ट होता दिखता है। रैदास कहते हैं कि जब जीवन भर किए गए कर्मों का लेखा-जोखा होता है तो मनुष्य को अपने कर्मों के अनुसार ही फल मिलता है।

(10) संत यी संगति संत कथा रसु।
संत प्रेम माझै दीजै देवा देव।।
संत तुझी तनु संगति प्रान। सतिगुर गिआन जानै संत देवा देव।।
संत आचरण संत यो मारगु। संत य ओल्हग ओल्हगणी।।
अउर इक मागउ भगति चिंतामणि। जणी लखावहु असंत पापी सणि।।
रविदास भणै जो जाणै सो जाणु। संत अनंतहि अंतरू नाहीं।।

रैदास कहते हैं कि हे प्रभु मुझे संतो की संगति व उनके प्रति प्रेम तथा निष्ठा भाव प्रदान कीजिए मैं भी संतों जैसा आचरण रखूँ, उनके दिखाए मार्ग पर चलूँ तथा सेवकों की तरह संतों की सेवा में लगा रहूँ। हे प्रभु! इतनी कृपा के बाद मुझ पर एक और कृपा करें। मुझे चिंतामणि जैसी भक्ति भावना प्रदान करें। मुझे दुष्ट व असंत लोगों की संगति से दूर रखें। रैदास कहते हैं

कि जो ऐसा जान लेता है, वह यह भी जान लेता है कि संत व असंत में कोई अंतर नहीं होता। अर्थात सच्चा ज्ञानी ही संतों व प्रभु के गुण स्वभाव में छिपी समता को पहचान पाता है।

(11) मेरी प्रीति गोपाल सूँ जिनि घटै हो।
मैं मोति महँगी लई तन सटै हो।।
हिरदै सुमिरंन करौं नैन आलोकनां, श्रवना हरि कथा पूरि राखूँ।
मन मधुकर करौ, चरणां चित्त धरौ, राम रसना रसना चाखूँ।।
साध संगति बिना भाव न उपजै, भाव बिन भगति क्यूँ होइ तोरी।
बंदत रैदास रघुनाथ सुणि वीनती, गुर प्रसाद क्रिपा करौ मेरी।।

संत रैदास अपने प्रभु से प्रार्थना करते हुए कहते हैं कि हे प्रभु! मेरी अपने इष्ट के प्रति हमेशा प्रीति बनी रहे। मैंने जीवन प्राण के रूप में इसे मोल लिया है। मेरे हृदय, नैन व कानों में सदा प्रभु का गुणगान ही गूँजता है। मेरे मन का मधुकर सदा आपके ही चरणों में लगा रहता है तथा जीभ राम रसायन का स्वाद लेती रहती है। फिर रैदास कहते हैं कि साधु की संगति से ही ऐसी प्रेममयी भक्ति संभव है। प्रेम ही प्रभु तक पहुँचने का मार्ग बनता है। भक्त रैदास अपने प्रभु से प्रार्थना करते हैं कि हे प्रभु मैं आजीवन ऐसी प्रेम रूपी भक्ति में मग्न रहूँ।

(12) राम बिन संसै गाँठि न छूटै।
कांम क्रोध मोह मद माया, इने पंचन मिलि लूटै।।
हम बड़ कवि कुलीन हम पंडित, हम जोगी संन्यासी।
ग्यानीं गुनीं सूर हम दाता, यहु मति कदे न नासी।।
पढ़ैं गुनें कछू समझि न परई, जौ लौ अनभै भाव न दरसे।
लोहा हरन होइ घूँ कैसे, जो पारस नहीं परसै।।
कहै रैदास और असमझसि, भूलि परै भ्रम मौरै।
एक अधार नांम नरहरि कौ, जीवनि प्रांन धन मोरै।।

संत रैदास कहते हैं कि राम से एकाकार हुए बिना संशय की गाँठ नहीं खुलती। इस संसार में काम, क्रोध, लोभ, मोह व माया जैसे दुष्ट हमें दुखी किए रहते हैं। हम सदा अपने अहंकार में लिप्त रहते हैं, कोई कहता है कि हम बहुत बड़े कवि हैं, कोई स्वयं को पंडित कहता है तो कोई बहुत बड़ा संन्यासी बताता है। हम स्वयं को ही ज्ञानी, गुणी व दाता मानकर सर्वश्रेष्ठ होने की कल्पना में लीन रहते हैं। यदि मनुष्य के हृदय में प्रभु के प्रति प्रेम भाव उत्पन्न न हो तो उसकी विधा भी किसी काम नहीं आती। जिस तरह पारसमणि के स्पर्श के बिना

लोहा स्वर्ण में नहीं बदलता उसी प्रकार गुरु के बिना उद्धार नहीं होता। रैदास कहते हैं कि जाने लोग किस भ्रम में पड़े हैं। वे इस बात को समझ नहीं पाते कि हरि का नाम ही अंतिम व एकमात्र अवलंबन है यही तो जीवन का सर्वस्व है।

यहाँ संत ने राम अर्थात प्रभु को भ्रम ग्रंथि खोलकर, चेतना से साक्षात्कार करवाने वाले माध्यम के रूप में संबोधित किया है।

(13) बपुरौ सति रैदास कहै।
ग्यान विचारी नांइ चित राखै, हरि कै सरनि रहै रे।।
पाति तोड़ै पूज रचावै, तारण तिरण कहै रे।
मूरति मांहि बसै परमेसुर, तौ पांणि मांहि तिरै रे।।
त्रिविधि संसार कवन विधि तिरिबौ, जो दिढ़ नांव न गहै रे।
नाव छाड़ि जे डूंगै बैड़े तो दूणां दूख सहै रे।।
गुरु कौं सबद अरू सुरति कुदाली, खोदत कोई लहै रे।
रांम कांहू कै बांटै न आयौ, सोनैं कूल बहै रे।।
झूठी माया जग डहमाया, तो तनि ताप दहै रे।
कहै रैदास राम जपि रसनां, माया काहू कै संगि न रहै रे।।

संत रैदास स्वयं को दीन-हीन व बेचारा संबोधित करते हुए कहते हैं कि हमें सदा प्रभु के चरणों में अपना ध्यान लगाना चाहिए। लोग फूल-पत्तों से प्रतिमा पूजन करके समझते हैं कि वह मूर्ति उन्हें संसार रूपी सागर से पार उतार देगी। यदि मूर्ति में प्रभु हैं, तो पानी में भी होने चाहिए। इस संसार में तीन तरह के ताप मनुष्य को पीड़ित करते रहते हैं, उद्धार पाना है तो नाम रूपी नौका पर सवार हो जाओ। यदि इस बड़ी नाव को छोड़कर छोटे साधनों का सहारा लिया तो दुख ही हाथ आएगा साधक को गुरु शब्द व सुरति रूपी कुदाली से अपने भीतर निरंतर शोध करते रहना चाहिए। वे कहते हैं कि प्रभु का नाम जपने से अहंकार भी नहीं व्याप्ता और जीवन रूपी नैया सहज रूप से प्रवाहमान रहती है। मनुष्य संसार में तीन तरह के तापों (दैहिक, दैविक व भौतिक) से पीड़ित रहता है व इनकी माया में फँसा रहता है रैदास कहते हैं कि हे मन, तुझे अपनी जिह्वा से सदा प्रभु का स्मरण करना चाहिए, तभी तुझे माया से मुक्ति मिलेगी, तभी तू भक्ति का सच्चा सुख जान पाएगा।

(14) जे ओहु अठिसठि तीरथ न्हावै। जे ओहु दुआदस सिला पूजावै।
जे ओहु कूप तटा देवावै। करै निंद सम विरथा जावै।।
साध का निंदकु कैसे तरे। सर पर जानहु नरक ही परै।
जे ओहु ग्रहन करै कुलखेति। अरपै नारि सीगार समेति।।

सगली सिंमृति स्रवनी सुनै। करै निंद कवनै नहीं गुनै।
जे ओहु अनिक प्रसाद करावै। भूमि दान सोभा मंडपि पावै।।
अपना बिगारी विरांना सांढै। करै निंद बहु जोति हांढै।
निंदा कहा करहु संसारा। निंदक का परगति पाहारा।।
निंदकु सोधि सोधि विचारिआ। कहु रविदास पापी नरकि सिधारिआ।

रैदास कहते हैं कि चाहे कोई अड़सठ तीर्थों की यात्रा करे, पुण्य सलिला सरिताओं में स्नान करें, द्वादश लिंगों की तीर्थ यात्रा करे, प्रतिमाओं का पूजन-अर्चन करे या कुएँ खुदवाकर पुण्य कमाए किंतु यदि वह निंदक है तो उसके सभी सुकृत्य भी निरर्थक हो जाते हैं। इसी प्रकार साधु की निंदा करने वाले की चित्त-तृप्ति भी सदा कलुषित बनी रहती है। फिर चाहे वह निंदक ग्रहण के अवसर पर ब्रह्मसरोवर में डुबकी लगाए, सोलह श्रृंगार कराके अपनी नारी ही दान कर दे या फिर संपूर्ण ग्रंथों का पारायण ही क्यों न कर ले, वह किसी भी अच्छे कर्म का फल नहीं पा सकता। निंदक के सभी पुण्य कर्म व्यर्थ हो जाते हैं। निंदक दूसरों के साथ-साथ अपना भी नुकसान करता है उसकी वर्तमान योनि के साथ-साथ दूसरी योनियाँ भी बिगड़ जाती हैं। संत रैदास कहते हैं कि हे निंदकों, तुम निंदक प्रवृत्ति के कारण अपने साथ-साथ दूसरों का भी अहित साधते हो तभी तुम्हारे जीवन पथ में बाधाएँ आती रहती हैं। निंदक कितना ही सोचकर कोई काम क्यों न करे, उसे तो सदैव नरक भोगना ही पड़ता है।

रैदास कहते हैं कि निंदक व्यक्ति द्वारा किए गए सभी पुण्य कर्मों का प्रभाव भी क्षीण होकर नष्ट हो जाता है।

(15) अविगति नाथ निरंजन देवा। मैं क्या जानूँ तुम्हरी सेवा।
बांधूँ न बंधन छाऊँ न छाया। तुमहीं सेऊँ निरंजन राया।।
चरन पताल सीस असमाना। सो ठाकुर कैसे सँपुर समाना।
सिव सनकादिक अंत न पाये। ब्रह्म खोजत जनम गँवाये।।
तोड़ूँ न पाती पूजूँ न देवा। सहज समाधि करूँ हरि सेवा।
नख प्रसाद जाके सुरसरि धारा। रोमावली अठारह भारा।।
चारो वेद जाके सुमिरत साँसा। भगति हेत गावै रैदासा।

संत रैदास कहते हैं कि हे प्रभु, मुझ जैसे क्षुद्र मानव तुम्हारी पूजा-अर्चना की विधि क्या जानें? मेरे जैसा व्यक्ति तुम्हारी पूजा नहीं कर पाता तभी तो मैं देवमंदिर बनाकर, स्थान घेरकर, किसी भी आकार का पूजन नहीं करता। मेरा मन तो उस निरंजन में ही बसा रहता है जिस प्रभु के चरण पाताल में तथा शीश आसमान में हो, वह किसी अंजुलि में कैसे समा सकता है? जिस तत्व को शिव व सनमादि जैसे ऋषि

भी नहीं खोज पाए उसे मैं कैसे पा सकता हूँ अतः मैं फूल-पत्तियों से तुम्हारी अर्चना नहीं करता। मैं तो उस अनुभूति के प्रति समाधि ही लगाता हूँ। जिस प्रभु के नख प्रसाद से गंगा की धारा प्रवाहित होती हो, अठारह भार उगी हुई वनस्पति, जिसकी रोमावली हो, चारों वेद जिसके स्मरण करते हुए श्वास मात्र हों, उस प्रभु की विधि-विधान से पूजा कैसे की जा सकती है। संत रैदास कहते हैं कि मैं तो उसी प्रभु की भक्ति में लीन होकर भक्तिपूर्वक गान करता हूँ।

(16) दारिदु देखि सम कौ हसै ऐसी दसा हमारी।
असट दसा सिधि करत लै सभ कृपा तुमारी।।
तू जानत मैं किछु नहीं भवखंडन राम।
सगल जीअ सरनागति प्रभ पूरन काम।।
जो तेरी सरनागता तिन नाहीं भारू।
ऊह नीच तुम ते तरे आलजु संसारू।।
कहि रविदास अकथ कथा बहु काइ करीजै।
जैसा तू वैसा तुही किआ उपमा दीजै।।

संत रैदास कहते हैं कि प्रारंभ में सभी मेरी दीन-हीन अवस्था का मजाक उड़ाते थे, मुझ पर हंसते थे। आपकी कृपा से मुझे अठारह सिद्धियाँ प्राप्त हो गईं और लोग मेरा आदर-मान करने लगे। हे प्रभु, आप तो भव बंधन से पार उतारने वाले हैं और मैं अकिंचन मात्र हूँ। हे प्रभु, आप ही पूर्ण पुरुष हैं अतः हम सभी संसारी जीव आपकी शरण में हैं। प्रभु, जो आपकी शरण में आ जाते हैं, वे हर तरह के भार से मुक्त हो जाते हैं। यहाँ तक कि हीन समझी जाने वाली जाति का व्यक्ति भी निर्मल ह्रदय से आपकी शरण में आने पर तर जाता है। संसार अपने व्यर्थ के लोकाचारों में लिप्त रहता है। हे प्रभु, आप जैसे हैं, बस वैसे ही हैं। आपकी उपमा किसी दूसरे से नहीं की जा सकती।

प्रस्तुत पद में प्रभु या परमात्मा की सर्वोच्च सत्ता को अतुलनीय कहा गया है, उसकी कोई उपमा भी संत को सूझ नहीं पाती।

(17) मिलत पिआरो प्राननाथु कवन भगति ते।
साथ संगति पाई परम गते।।
मैले कपरे कहा लउ धोवउ।
आवेगी नीद कहा लगु सोवउ।।
जोई जोई जोरिओ सोई सोई फाटिओ।
झूठै बनिज उठि ही गई हाटिओ।।
कहु रविदास भइओ जब लेखु।
जोई जोई कीनो सोई सोई देखिओ।।

संत रैदास कहते हैं कि संसार में प्राण-प्रिय परमात्मा किस तरह की भक्ति अथवा विधि से मिलते हैं, यह कहना तो कठिन है किंतु इतना कह सकते हैं कि साधुजन की संगति से ही मुक्ति-चेतना का अनुभव होता है। वे कहते हैं कि वासना रूपी विकारों से ग्रस्त वस्त्र को कितनी बार धोया जाए, यह कहना कठिन है। इसी प्रकार प्रमाद रूपी नींद में कब तक पड़े रहें, यह भी कहना कठिन है। रैदास कहते हैं कि टूटे-फूटे कर्मों को जोड़ने का जितना प्रयत्न किया जाता है, वही निस्प्रयोजन हो जाता हैं जीवन व्यापार करते-करते ही जीवन की संध्या हो जाती है तथा अपना झूठा हाट समेटना पड़ता है। रैदास कहते हैं कि अंत समय में जब कर्मों का लेखा-जोखा होता है तो हमारे ही कर्म सामने आ खड़े होते हैं।

यहाँ संत अंतिम समय सामने आने वाली परिस्थितियों का वर्णन करते हुए पहले ही संभलने की चेतावनी दे रहे हैं।

(18) चल मन हरि चटसाल पढ़ाऊँ।
गुरु की सारि ज्ञान का अच्छर। बिसरै तो सहज समाधि लगाऊँ।।
प्रेम की पाटी सुरति की लेखनी। रटौ ममौ लिखि आँक लखाऊँ।।
येहि विधि मुक्त भए सनकादिक, हृदय विचार प्रकास दिखाऊँ।।
कागद कँवल मति मसि करि निर्मल। बिन रसना निसदिन गुन गाऊँ।।
कह रैदास राम भजु भाई। संत साखि दे बाहुरि न आऊँ।।

संत रैदास अपने मन को निर्देश देते हुए कह रहे हैं कि हे मन, चल मेरे साथ हरि की पाठशाला में चल। मैं वहाँ तुझे हरि से भक्ति करना सिखाऊँगा। वहाँ तू सदगुरु की संगति में रहकर तत्व ज्ञान का अक्षर सीख पाएगा। यदि ज्ञान का अहंकार हावी हो जाए तो हम उस अविनाशी के साथ सहज समाधि नहीं लगा पाते प्रेम व भक्तिमयी हरि की पाठशाला में प्रेम रूपी तख्ती पर, सुरति के साथ, राम का अक्षर अंकित किया जा सकता है। उस परम साक्षात्कार के कारण ही सनकादि ब्रह्मर्षि चेतना-मुक्त हुए हैं। हृदय विचार के चिंतन से ही हमें परम प्रकाश के दर्शन हो सकते हैं। हे मन, मैं तुझे हृदय रूपी कमल-पत्र पर, सात्विक बुद्धि की स्याही से कर्म के अक्षर लिखना सिखाऊँगा। इस प्रकार तू बिना जिह्व के ही हरि-सुमिरन में लीन हो जाएगा। रैदास कहते हैं कि अब मैं दोबारा जन्म पाने पर भी कर्म-चक्र में नहीं फंसूँगा तथा प्रभु के चरणों में लीन रहूँगा।

(19) ऊंचे मंदर साल रसोई। एक घरी फुनि रहनु न होई।।
इहु तनु ऐसा जैसे घास की टाटी। जलि गइओ घासु रलि गइओ माटी।।
भाई बंध कुटंब सहेरा। ओइ भी लागे काढु सवेरा।।

घर की नारी उरहि तन लागी। उह तउ भूतु भूतु करि भागी।।
कहि रविदास समै जगु लूटिया। हम तउ एक राम कहि छूटिआ।।

संत रैदास कहते हैं कि ये ऊँचे-ऊँचे महल-दोमहले व चित्रशालाएँ बनाने से क्या होगा क्योंकि एक बार प्राण छूटने के बाद तो यहाँ नहीं रह पाएँगे। ये शरीर तो घास की टाटी की तरह है जो कि आग लगते ही पल भर में भस्म हो जाता है और फिर वह मिट्टी भी धूल में मिलकर एकाकार हो जाती है। सगे-संबंधी भी व्यक्ति के मरते ही उसे घर से निकालने की बातें करने लगते हैं। अपनी प्राण-प्रिया पत्नी, जो सदा वक्ष से लगी रहती थी, वह भी मृतक शरीर के पास जाने से कतराती है। रैदास जी कहते हैं कि इस संसार में हम सभी काल के हाथों लुटने के लिए ही आए हैं। केवल राम नाम का सहारा लेकर ही उससे बचा जा सकता है।

प्रस्तुत पद में प्रिया। पत्नी द्वारा मृतक पति के शरीर से विमुख होना एक कड़वा व कठोर सत्य है।

(20) **आज दिवस लेऊँ बलिहारा।**
मेरे घर आया राम का प्यारा।।
आँगन बँगला भवन भयो पावन।
हरिजन बैठे हरिजस गावन।।
करूँ डंडवत चरन पखारूँ।
तन मन धन उन ऊपरि वारूँ।।
कथा कहैं अरू अर्थ विचारैं।
आप तरैं औरन को तारैं।।
कह रैदास मिलैं निज दास।
जनम जनम कै काटै पास।।

संत रैदास कहते हैं कि आज का दिन तो वास्तव में बड़ा भाग्यशाली हैं क्योंकि प्रभु के भक्त जन संत मेरे घर पधारे हैं। उनकी चरणों की धूल से मेरा घर-आँगन पवित्र हो गया है। हरि के भक्त मिलकर प्रभु का गुणगान कर रहे हैं। मैं इन्हें साष्टांग प्रणाम करता हूँ। मैं इनके अनमोल वचनों व वाणी पर अपना तन-मन-धन न्यौछावर करने को प्रस्तुत हूँ। संत जन प्रभु की कथा कहते-सुनाते हैं तथा उसका अर्थ भी बताते हैं। इस तरह वे स्वयं तो मुक्ति पाते ही हैं, साथ ही हम जैसे भी तर जाते हैं। रैदास कहते हैं कि जिन्हें ऐसे परमार्थी भक्त संत मिल जाते हैं उनके जन्म-जन्म के बंधन कट जाते हैं।

प्रस्तुत पक्ष में संतों की संगति के महत्व का वर्णन किया गया है। रैदास जी कहते हैं कि ऐसे संतों की संगति अनमोल है जो अपने साथ-साथ दूसरों को भी

भवसागर से पार उतार देते हैं।

(21) सो कहा जानै पीर पराई। जाकै दिल में दरद न आई।।
दुखी दुहागिनी होइ पियहीना। नेह तिरति करि सेवन कीना।।
स्याम प्रेम का पंथ दुहेला। चलन अकैला कोई संग न हेला।।
सुख की सार सुहागिनी जानै। तन मन देह अंतर नहिं आनै।।
आन सुनाय और नहिं भाषै। राम रसायन रसना चाखै।।
खालिक तौ दरमंद जगाया। बहुत उमेद जवाब न पाया।।
कह रैदास कवच गति मेरी। सेवा बंदगी न जानूँ तेरी।।

संत रैदास कहते हैं कि यदि किसी व्यक्ति में दूसरों के प्रति संवेदना ही नहीं होगी वह उनकी पीड़ा, दर्द को नहीं समझ पाएगा। जो प्रियतमा अनासक्त भाव से अपने पति (परमात्मा) की सेवा नहीं करती, उसे वियोगिनी बनकर दुख भोगना पड़ता है। संत कहते हैं कि श्याम प्रभु का भक्ति रूपी मार्ग बहुत दुष्कर होता है और उस पर किसी के साथ नहीं जा सकते। वहाँ तो अकेले ही जाना पड़ता है। सच्चा सुख तो वही सुहागिन (परमात्मा रूपी पति से मिलाप रखने वाली आत्मा) जान सकती है जो अपने पति के साथ एकात्म भाव से जीती है। वह अपनी अनुभूति को किसी से बाँटने की बजाए मन ही मन मग्न रहती है। मेरे प्रभु ने मन में पुकार तो बसा दी परंतु बहुत चाहने पर भी, आशा रखने पर भी मुझे प्रत्युत्तर नहीं मिलता। रैदास कहते हैं कि हे प्रभु मैं तो आपकी पूजा-अर्चना की विधि भी नहीं जानता, ऐसे में मेरी क्या गति होगी, मैं यही सोच-सोच कर चिंतामगन रहता हूँ।

(22) भाई रे भरम भगति सु जान।
जौ लों साँच सों नहिं पहचान।।
भरम नाचन भरम गायन, भरम जप तप दान।
भरम सेवा भरम पूजा, भरम सो पहिचान।।
भरम षट क्रम सकल सहता, भरम गृह वन जानि।
भरम करि करि करम कीये, भरम की यह बानि।।
भरम इंद्री निग्रह कीया, भरम गुफा में बास।
भरम तौ लौं जानिये, सुच की करै आस।।
भरम सुद्ध सरीर तौ लौं, भरम नाँव बिनाँव।
भरम मति रैदास तौ लौं, जौ लौं चाहै ठाँव।।

संत रैदास कहते हैं कि इस संसार में हम भ्रांतिपूर्ण भक्ति आचरण में

ही मग्न रहते हैं। सत्य से साक्षात्कार हुए बिना उसकी पहचान नहीं हो पाती रैदास कहते हैं कि नाचना-गाना, जप-तप, दान, सेवा, पूजा-प्रार्थना आदि भक्ति का आडंबर ही हैं। कुछ लोग गृहस्थ जीवन में रहकर भक्ति करते हैं तो कुछ वनवासी जीवन बिताकर भक्ति के शिष्टाचार में लिप्त रहते हैं। भक्ति के लिए किए जाने वाले ये सभी कर्म भ्रांतिमूलक ही होते हैं इंद्रियों का संयम, एकांत में गुफा बनाकर रहना आदि भी भ्रम के ही परिणाम हैं। जब तक हमारे भीतर प्रभु से कुछ पाने की आस है, जब तक शरीर की शुद्धता-अशुद्धता का विचार है या प्रभु का नाम लेने अथवा न लेने का अहंकार है, तब तक बुद्धि पर भ्रम का ही आवरण छाया है। जब तक हम सच्चे मन से प्रभु से नहीं जुड़ पाते, तब तक तो बाकी सभी भक्ति के माध्यम व्यर्थ ही हैं।

इस पद में रैदास जी ने भक्ति के लोकाचारों व मिथ्याचारों का वर्णन करते हुए उन्हें पहचानने व सच्ची भक्ति को अपनाने का परामर्श दिया है।

(23) ऐसा ध्यान धरौं वरो वनवारी। मन पवन दै सुखमन नारी।।
सो जप जपौं जो बहुर न जपना। सो तप तपौं जो बहुरि न तपना।।
सो गुरु करौं जो बहुरि न करना। ऐसौं मरौं जो बहुरि न मरना।।
उल्टी गंग जमुन में लावौं। बिन ही जल मंजन द्वै पावौं।।
लोचन भरि भरि बिंब निहारौं। जोति विचारि न और विचारौं।।
पिंड परे जिव जिस घर जाता। सवद अतीत अनाहद राता।।
जा पर कृपा सोई मल जानै। गूँगो साकर कहा बखानै।।
सुच मंडल में मेरा बासा। ताते जिव में रहौं उदासा।।
कह रैदास निरंजन ध्यावौं। जिस पर जाँव सो बहुरि न आवौं।।

संत रैदास कहते हैं कि प्रभु का ऐसा ध्यान रमाना चाहिए जिससे सुषुम्ना नाड़ी में प्रवाहित सुरति, मन रूपी पवन के साथ एकाकार हो जाए। जापक को ऐसा जप करना चाहिए; जिससे कि दोबारा जप करने के लिए जन्म न लेना पड़े। ऐसा तप साधना चाहिए कि दोबारा तपलीन होने की आवश्यकता ही न रहे। हमें ऐसा सद्गुरु तलाश लेना चाहिए कि पुनः गुरु धारण करने की कोई आवश्यकता ही न रहे। एक ही बार में ऐसा मरण मिल जाए कि दोबारा जन्म-मरण के चक्र में पड़ने की आवश्यकता ही न रहे। मुझे आज्ञा चक्र पर ध्यान रमा कर एकाग्रचित्त होना चाहिए। तत्व ज्ञान रूपी जल में शरीर व आत्मा दोनों को तीर्थ-स्थान कराना चाहिए यदि उस ध्यान समाधि में मुझे प्रभु के साक्षात दर्शन हो जाएँ तो मैं इतना तन्मय हो जाऊँ कि द्वैत का भाव ही मन से मिट जाए। संत रैदास पुनर्जन्म के विषय में कहते हैं कि जीव जिस योनि में जन्म लेता है, वही उसका घर बन जाता है तथा वह अनहव शब्द ध्वनियों में लीन रहता है। रैदास कहते हैं कि जिस

पर प्रभु की कृपा होती है, वही इस विचित्र अनुभूति का सुख पा सकता है उसकी अवस्था उस गूँगे के समान होती है जो शक्कर का स्वाद लेने के बाद भी उसकी मिठास दूसरे को बता नहीं पाता। रैदास कहते हैं कि मेरी चेतना तो शून्यमंडल में बसती है तभी मैं जीवन चेतना के प्रति उदासीन रहता हूँ। रैदास कहते हैं कि उस निरंजन निरंकार प्रभु को जपना चाहिए, ताकि हम जन्म-मरण के चक्र से छूट जाएँ।

(24) मुकंद मुकंद जपहु संसार। बिनु मुकंद तनु होइ अउहार।।
सोई मुकंद मुकति का दाता। सोई मुकंदु हमरा पित माता।।
जीवत मुकंदे मरत मुकंदे। ता के सेवक कउ सदा अनंदे।।
मुकंद मुकंद हमारे प्रानं। जपि मुकंद मसतकि नीसांन।।
सेव मुकंद करै वैरागी। सोई मुकंदु दुरबल धनु लाधी।।
एकु मुकंदु करै उपकारू। हमरा कहा करै संसारू।।
मेरी जाति हूए दरबारि। तू ही मुकंदु जोग जुग तारि।।
उपजिओ गिआनु हूआ परगास। करि किरपा लीने कीट दास।।
कहु रविदास अब तृसना चूकी। जपि मुकंद सेवा ताहू की।।

इस पद में संत रैदास प्रभु के नाम स्मरण के विषय में कहते हैं कि हमें सदा प्रभु का नाम जपते रहना चाहिए, नाम-जप के बिना इस शरीर का कोई महत्व नहीं रह जाता। उसी के नाम के बल पर हमारी मुक्ति हो सकती है, वही हमारा माता-पिता तथा प्रातः स्मरणीय है। प्रभु का नाम जपने से ही हम सदा आनंद भाव में जीते हैं। दुर्बल जन भी नाम-स्मरण को सौभाग्य धन समझ कर ग्रहण करते हैं। ऐसा नाम ही जीवन को कृतार्थ कर देता है। तब संसार की कुचालें भी हमारा कुछ नहीं बिगाड़ पातीं। जाति-पांति के सभी बंधन नष्ट हो जाते हैं तथा हम प्रभु के ही दरबार के अंग बन जाते हैं। प्रभु का नाम जपने से ही ज्ञान रूपी प्रकाश उदित होता है तथा वह प्रभु ही भक्त को अपना लेता है। रैदास कहते हैं कि प्रभु का नाम जपने वाले व्यक्ति की सभी तृष्णाएँ शांत हो जाती हैं तथा प्रभु के दरबार में उसकी सेवा कबूल होती है।

(25) जिह कुल साधू वैसनौ होइ।
बरन अवरन रंकु नहीं ईसरू विमल बासु जानीऐ जगि सोइ।।
ब्रह्मण वैस सूद अरू खत्री डोम चंडार मलेछ मन सोइ।
होइ पुनीत भगवंत भजन ते आपु तारि तारे कुल दोइ।।
घंनि सु गाउ घंनि सु ठाउं घंनि पुनीत कुटंब सम लोइ।
जिनि पीआ सार रसु तजे अस रस होइ रस मगन डारे बिखु खोइ।।

पंडित सूर छत्रपति राजा भगत बराबरि मऊरू न कोइ।
जैसे पुरैन पात रहै जल समीप मनि रविदास जनमे जगि ओइ।।

जिस कुल में किसी प्रभु भक्त अथवा वैष्णव भक्त का जन्म हो जाता है वह कुल कितनी भी ऊँची या नीची जाति, अमीर या गरीब वंश का क्यों न हो, उससे पूरे जन-समाज का उद्धार होता है। वह व्यक्ति ब्राह्मण, क्षत्रिय, वैश्य व शूद्र आदि किसी वर्ण का क्यों न हो कोई भी कार्य क्यों न करता हो, वह भक्ति पथ का अधिकारी बन जाता है। वह सभी दोषों से ऊपर उठकर निर्मल हृदय वाला हो जाता है। वह अपने कर्मों से मातृ व पितृ वंश, दोनों को ही तार देता है। वहाँ ऐसे साधु का निवास होता है, उसकी सत्संगति से वहाँ के लोग, वह स्थान व कुटुंब भी धन्य हो जाता है। रैदास कहते हैं कि जिसकी चेतना प्रभु भक्ति के आनंद रस में तन्मय रहती है, उसे बाकी भोग भी विष के समान लगने लगते हैं। पंडित, वीर, सिहांसन पर आरूढ राजा आदि कोई भी उस भक्त की बराबरी नहीं कर पाता। संत भक्तों का जीवन उस कमल के पत्ते की तरह होता है, जो जल से जीवन-शक्ति अर्जित करने पर भी उससे अनासक्त बने रहते हैं। रैदास कहते हैं कि ऐसे भक्तों का जीवन ही समाज के लिए पथ प्रदर्शक का कार्य भी करता है।

(26) सुखसागरू सुरतर चिंतामनि कामधेनु वसि जाके।
चारि पदारथ असट दसा सिधि नवनिधि करतल ताके।।
हरि हरि हरि न जपहि इसना।
अवर सभ निआगि वचन रचना।।
नाना खिआन पुरान वेद विधि चउतीस अखर माहीं।
बिआस विचारि कहिओ परमारथु राम नाम सरि नाहीं।।
सहज समाधि उपाधि रहत फुनि वडै भागि लिव लागि।
कहि रविदास प्रगासु रिदै घरि जनम मरन मै भागी।।

संत रैदास प्रभु के स्मरण में समाहित सुखों के विषय में कहते हैं कि आध्यात्मिक आनंदानुभूति में ही कल्पवृक्ष, चिंतामणि व कामधेनु से प्राप्त सुख भी शामिल हैं। प्रभु रूपी सुख सागर में डुबकी लगाने वाले को अठारह सिद्धियाँ, नौ निधियाँ व चतुर्थ पदार्थ स्वयं ही प्राप्त हो जाते हैं। वे स्वयं से कहते हैं कि ऐ मेरी रसना, तू प्रतिदिन ऐसे सुख-सागर हरि का स्मरण क्यों नहीं करती? तुझे बाकी सबकुछ त्यागकर हरि का स्मरण करना चाहिए। वे कहते हैं कि सभी प्रकार के कथा-आख्यान व वेद पुराण आदि वर्णमाला के चौंतीस अक्षरों में समाए हैं व्यास जी ने भी महाभारत में परमार्थ-ज्ञान का भली-भांति निरूपण किया है

किंतु वह भी राम-नाम की तुलना में अल्प जान पड़ता है। वे कहते हैं कि बड़े भाग से साधक तिरति की सहजावस्था में पहुँचता है तथा अपने हृदय में ऐसे प्रकाश को धारण करने वाले भक्त अथवा साधक जन्म-मरण के भय से भी मुक्ति पा जाते हैं।

रैदास जी ने चौंतीस वर्णों में समाए ज्ञान व अनुभव की जो तुलना प्रस्तुत की है, वह निःसंदेह प्रशंसनीय है।

(27) जो दिन आवहि सो दिन जाही। करना कूचु रहनु धिरू नाही।।
संगु चलत है हम भी चलना। दूरि गवनु सिर ऊपरि मरना।।
किआ तू सोइआ जागु इआना। तै जीवनु जगि सयु करि जाना।।
जिनि जीउ दीआ सु रिजकु अंबरावै। सम घट भीतरि घटु चलावै।।
करि बंदिगी छाड़ि मैं मेरा। हिरदै नामु सम्हारि सवेरा।।
जनमु सिरानो पंथु न सवारा। सांझ परी दहदिस अंधिआरा।।
कहि रविदास निदानि दिवाने। चेतसि नाही दुनीआ फनखाने।।

संत रैदास कहते हैं कि यह जीवन रूपी समय किसी के रोके नहीं रुकता इस संसार में हम सभी जीवन-यात्री हैं सबको एक दिन यहाँ से कूच करना है। हमारे साथी बिछुड़कर प्रमाणित कर चुके हैं कि सबको एक दिन यह दुनिया छोड़नी होगी। सबके सिर पर मौत सवार है। अरे मूर्ख, तू किस उलझन में पड़ा है, अब अपनी नींद से जाग और चैतन्य हो जा। जिसने तुझे जीवन दिया है, वही परमात्मा तेरी सभी आवश्यकताएं भी पूरी करेगा। वही तो सबके भीतर विराजमान होकर दुनिया के कार्य संपन्न करता है। फिर रैदास भक्तजन से कहते हैं कि प्यारो, मैं-मेरा छोड़कर प्रभु के सिमरन में लग जाओ। यदि तुम शीघ्र ही नाम की शरण में न आए तो मरण का अंधेरा व्याप जाएगा। रैदास कहते हैं कि यह जीवन अंतिम स्थिति नहीं है। तुम्हें यह क्यों समझ नहीं आता कि यह दुनिया तो नाशवान है, जिसे एक न एक दिन नाश होना ही है।

संत रैदास ने इस पद में बहुत ही भाव प्रवण शब्दों में जीवन-मरण के व्यापार, प्रभु की कृपा (जिसने जीवन दिया, वही भोजन भी देगा।) अहंकार से मुक्ति आदि का वर्णन किया है।

(28) सह की सार सुहागिन जानै। तजि अभिमानु सुख रलीआ मानै।।
तनु मनु देउ न अंतरू राखै। अबरा देखि न सुनै अभाखै।।
सो कन जानै पीर पराई। जाकै अंतरि दरदु न पाई।।
दुखी दुहागिन दुइ पख हीनी। जिनि नाह निरंतरि भगति व कीनी।।
पुरसलात का पंथु देहुला। संगि न साथी गवनु इकेला।।

दुखीआ परदवंदु दरि आइआ। बहुतु पिआस जवाबु न पाइआ।।
कहि रविदास सरनि प्रभ तेरी। जिउ जानउ निउ करू गति मेरी।।

संत रैदास कहते हैं कि प्रिय का मिलन-सुख पाने वाली सुहागिन ही उसके रहस्य/मर्म को जानती है। वह अपना अभिमान त्यागकर तन-मन प्रिय को समर्पित कर देती है। वह न तो किसी दूसरे को देखती है और न ही सुनती है। यहाँ भक्त रूपी जीवात्मा को ही सुहागिन के रूप में दर्शाया गया है। ऐसी जीवात्मा मौन भाव से अपने प्रिय के चिंतन में लीन रहती है। ऐसी जीवात्मा की मनोदशा कोई दूसरा नहीं जान पाता जो दूसरों की पीड़ा को नहीं समझता, वह किसी विरहणी की पीड़ा का अनुमान कैसे लगा सकता है। रैदास कहते हैं कि जो भक्त प्रभु की भक्ति नहीं करते वे उन दुखी दुहागिनों की तरह होते हैं, जो अपने प्रिय की सेवा नहीं कर पातीं व परिणामतः अपने पति रूपी परमात्मा से दूर रहती हैं। रैदास कहते हैं कि पुल-ए-सिरात। (इस्लामी मान्यता के अनुसार मृत्यु के बाद पापी आत्मा को पुल-ए-सिरात से गुजरना पड़ता है, जो कि बाल की नोक से भी पतला होता है, इससे गुजरने में असमर्थ आत्माएँ सदैव नरक भोगती हैं।) से हर किसी को अकेले ही जाना पड़ता है। वहाँ कोई संगी-साथी साथ नहीं होता। जब ऐसे दुखी जन आर्त स्वर में प्रभु को पुकारने की चेष्टा करते हैं तो वे शारीरिक कष्टों के कारण मुँह से कुछ कह भी नहीं पाते और न ही कोई प्रत्युत्तर मिलता है। रैदास कहते हैं कि प्रभु, मैं भी आपकी शरण में आ गया हूँ। आप मुझसे जैसा जी में आए, व्यवहार करें।

(29) बेगम पुरा सहर को नाउ। दूखु अंदोहु नहीं तिहि ठाऊ।।
नां तसवीस खिराजु न मालु। खउफु न खवान तरलु जवालु।।
अब मोहि खूब वतन गह पाई। ऊँहा खैरि सदा मेरे भाई।।
काइमु दाइमु सदा पातिसाही दोम न सेम एक सो आही।।
आबादानु सदा मसहूर। ऊहां गनी बसहि मामूर।।
तिउ तिउ सैल करहि जिउ भावै। महरम महल न को अटकावै।।
कहि रविदास खलास चमारा। जो हम सहरी सु मीतु हमारा।।

यहाँ संत रैदास अपने काल्पनिक आदर्श लोक के विषय में कहते हैं कि हमारे शहर का नाम बेगमपुरा है अर्थात वहाँ कभी किसी को कोई दुख नहीं सताता। यहाँ हमें न तो शहरी लोगों की तरह कोई कर देना पड़ता है और न ही शासन का अनावश्यक दबाव होता है। यहाँ का निवासी निडर होकर जीता है, उसे किसी तरह का आतंक नहीं सताता। यहाँ हमेशा सबकी खैर मनाई जाती है अर्थात कुशल-मंगल ही पूछी जाती है। यहाँ का प्रशासन या बादशाही सदा

कायम रहती है। यह बादशाही दूसरे या तीसरे स्थान पर नहीं अपितु सदा पहले स्थान पर ही रहती है। इस स्थान के निवासी अपनी खुशहाली के लिए जाने जाते हैं। वहाँ कुछ खास तरह के लोग ही बसते हैं। साधक बहुत आसानी से इस सुख-महल में प्रवेश कर पाता है। शुद्ध अंतःकरण व चित्त वाले रैदास जी कहते हैं कि इस शहर में रहने वाले निवासी ही हमारे मीत हैं अर्थात चेतना संपन्न साधकों से हमारी मैत्री है।

(30) घट अवघट डूंगर घणा इकु निरगुणु बैलु हमार।
रमईए सिउ इक बेनती मेरी पूंजी राखु मुरारि।।
को बनजारो राम को मेरा टांडा लादिआ जाइ रे।
हउ बनजारो राम को सहज करउ व्यापार।।
मैं राम नाम धनु लादिआ विखु लादि संसारि।
उर वार पार के दानीआ लिखि लेहु आल पतालु।।
मोहि जम डंडु न लागई तजीले सरब जंजाल।
जैसा रंगु कसुंम का तैसा इहु संसार।।
मेरे रमईए रंगु मजीठ का कहु रविदास चमार।

संत रैदास ने इस पद में स्वयं को आध्यात्म पथ का निरीह यात्री बताते हुए प्रभु से प्रार्थना की है कि हे प्रभु, आप तक पहुँचने की राह बड़ी दुर्गम हैं। मैं अपने बैल रूपी मन पर जीवन-व्यापार का सामान लाद कर ले जा रहा हूँ। स्वामी, आपको मेरी पूँजी की रक्षा करनी होगी। आध्यात्म पथ पर चलने वाला व्यापारी जीवन कर्म का व्यापार नहीं कर सकता। मैं तो प्रभु राम का बंजारा हूँ जो केवल सच्चा सौदा करना जानता है। मेरे लिए तो राम का नाम ही सबसे बड़ा धन है जबकि दूसरे संसारी जन विष-रूपी व्यापार में लिप्त रहते हैं जीवन का लेखा करने वाले परमात्मा, आप चाहे जो भी हिसाब रखें; मेरे कर्मों का सारा हिसाब-किताब स्पष्ट रूप से लिख लें किंतु मुझे पूरा विश्वास है कि मुझे यम के दण्ड का भागी नहीं बनना पड़ेगा क्योंकि मैंने सभी सांसरिक कर्मों की आसक्ति से छुटकारा पा लिया है। मैं जान गया हूँ कि यह संसार कुसुंम (कच्चा रंग) के रंग की तरह है, जो कभी स्थायी नहीं होता किंतु मेरे प्रिय राम का रंग मजीठ (पक्का लाल रंग) की तरह है, जो जीवन में एक बार चढ़ जाए तो कभी नहीं उतरता। रविदास चर्मकार कहते हैं कि मैं तो स्वयं को प्रभु रूपी मजीठ रंग से ही रंगना चाहता हूँ, जो आजीवन नहीं उतरेगा।

इस पद में प्रस्तुत सांगरूपक आँखों के सामने, बैल पर माल लादकर ले जाते व्यापारी का दृश्य-बिंब खड़ा कर देता है।

(31) तुम चंदन हम इरंड बापुरे संगि तुमहारे बासा।
नीच रूख ते ऊँच भए हैं गंध सुगंध निवासा।।
माधउ सतसंगति सरन तुम्हारी।
हम अउगन तुम्ह उपकारी।।
तुम मखतूल सुपेद सपीअल हम बपुरे जस कीरा।
सतसंगति मिलि रहीऐ माधउ जैसे मधुप मखीरा।।
जाती ओछा पानी ओछा जनमु हमारा।
राजा राम की सेव न कीनी कहि रविदास चमारा।।

संत रैदास कहते हैं कि हे प्रभु, आप तो चंदन वृक्ष के समान शीतल व सुगंधित हैं तथा मैं रेंड वृक्ष की तरह हूँ। आपकी ही गंध से मैं सुबासित हूँ। हे माधव, मैं आपकी सत्संगति में आया हूँ। आपका गुण स्वभाव रेशम की कीट की तरह पवित्र, श्वेत व निर्मल है जबकि मैं बेचारा कीड़े जैसा हूँ। हम स्वार्थी कीटों की तरह अपनी ही आसक्ति में लिप्त रहते हैं। फिर वे कहते हैं कि हम तो नीच कुल में जन्मे हैं। संभवतः हमसे प्रभु की सेवा में कोई कमी रह गई होगी तभी इस जन्म में हमारी ऐसी दीन दशा हुई है।

(32) कूपु भरिओ जैसे दादिरा कछु देसु विदेसु न बूझ।
ऐसे मेरा मनु बिखिआ बिमोहिआ कछु आरापारू न सूझ।।
सगल भवन के नाइका इकु छिनु दरसु दिखाइ जी।
मलिन भई मति माधवा तेरी गति लखि न जाइ।।
करहु कृपा भ्रमु, चूकई मैं सुमति देहु समझाइ।
जोगीसर पावहि नहीं तुअ गुण कथनु अपार।
प्रेम भगति के कारनै कहु रविदास चमार।।

संत रैदास कहते हैं कि जिस प्रकार कुएँ में पड़े मेढक को देश-विदेश का कोई पता नहीं चलता, वह उसे ही दुनिया मानता है उसी प्रकार वासनाओं व आसक्ति से घिरा मन कभी भी अपने दायरे से बाहर नहीं आ पाता। रैदास कहते हैं कि संपूर्ण लोकों के स्वामी, आपके साक्षात्कार से ही मेरी बुद्धि के बंद कपाट खुल सकते हैं। हे प्रभु, मैं अपनी कलुषित बुद्धि से आपकी कर्म-गति नहीं देख पाता। मेरी बुद्धि इतनी मलिन है कि चारों ओर भ्रम का आवरण छाया है। आप ही समुति देकर इस भ्रम के घेरे से बाहर निकाल सकते हैं। हे प्रभु, आपके गुण तो अकथनीय हैं, जब योगेश्वर भी उनका बखान नहीं कर पाए तो मैं अकिंचन क्या कर सकता हूँ। मै प्रेमवश होकर ही अनुनय-विनय कर रहा हूँ अन्यथा रविदास चर्मकार में इतनी सामर्थ्य कहाँ कि वह प्रभु के अपरिमित व

असीम गुणों का ज्ञान कर सके, उनसे कोई याचना कर सके।

(33) **कहा भइओ जउ तनु भइयो छिनु छिनु।**
प्रेमु जाइ तउ डरपै तेरौ जनु॥
तुझहि चरन अरविंद भवन मनु।
पान करत पाइओ पाइओ रामईआ धनु॥
संपति विपति पटल माइआ धनु।
ता महि मगन होत न तेरो जनु॥
प्रेम की जेवरी बाधिओ तेरो जन।
कहि रविदास धूरिबो कवन गुन॥

रैदास कहते हैं कि हे प्रभु, आपके पथ पर चलते-चलते इस शरीर के टुकड़े-टुकड़े भी हो जाएँ तो मुझे कोई गम नहीं होगा सच्चा प्रेमी भक्त केवल तभी विचलित होता है जब उसकी भक्ति पर आँच आती है। वह किसी भी स्थिति में अपनी भक्ति पर आँच नहीं आने देना चाहता। हे प्रभु, मेरा भ्रमर रूपी मन सदा आपके कमल रूपी चरणों में पड़ा रहे, वरन मैं यह विनती करना चाहता हूँ। माया के रंगमंच पर लोग संपत्ति-विपत्ति के फेर में पड़े रहते हैं परंतु हे प्रभु, आपका भक्त ऐसे सांसारिक आकर्षणों व माया-मोह के फंदों से दूर ही रहता है। रविदास कहते हैं कि मैं जिस प्रेम रूपी रज्जु से बंधा हूँ, वह किसी भी तरह छूट नहीं सकती।

यहाँ रविदास जी प्रभु से अपने अभिन्न संबंध को आत्मीयता व अंतरंगता के साथ निरंतर बनाए रखना चाहते हैं।

(34) **हम सरि दीनू दइआलु न तुम सरि अब पतीआस किया कीजै।**
बचनी तोर मोर मनु मानै जब कउ पूरनु दीजै॥
हउ बलि बलि जाउ रमईआ कारने कारन कवन अबोल।
बहुत जनम बिछुरे थे माधउ इहु जनमु तुम्हारे लेखे॥
कहि रविदास सास लगी जीवउ चिर भइओ दरसनु देखे।

हे प्रभु, इस संसार में मुझसे बड़ा कोई दया का पात्र नहीं है और आपसे बड़ा दीन दयाल कोई नहीं है। भक्त व भगवान की इस मूल्य कसौटी के लिए और क्या विश्वास-परीक्षा दी जा सकती हैं? मैं आपके स्वभाव व वचनों पर पूरा विश्वास रखता हूँ। आप तो पतित पावन हैं, आप मुझे भी अपनी करूणा व दया का वरदान दीजिए। मैं तो अपने इष्ट राम पर सौ-सौ बार बलिहारी जाता हूँ। आपने मेरे प्रति मौन क्यों धारण कर रखा है, आप मुझसे वार्तालाप क्यों नहीं

करते? मेरी तरफ कृपा दृष्टि क्यों नहीं करते? हे प्रभु, मैं आपसे जन्म-जन्मांतरों से बिछुड़ा हुआ हूँ। क्या इसी कारण से आपने मेरे साथ अबोला कर रखा है? हे प्रभु, मैंने तो यह जन्म ही आपके नाम लिख दिया है अर्थात आपको ही समर्पित कर दिया है। अब तो मैं केवल आपसे मिलने की चाह में ही जीवित हूँ। आपके दर्शन किए हुए बहुत समय बीत गया है, कृपा करके अब तो दर्शन दे ही दो।

प्रस्तुत पद में रविदास जी बहुत कातर भाव से प्रभु-दर्शन पाने की गुहार लगाते हैं।

(35) जउ तुम गिरिवर तउ हम मोरा।
जउ तुम चंद तउ हम भए है चकोरा।।
माधवे तुम न तोरहु तउ हम नहीं तोरहि।
तुम सिउ तोहि कवन सिउ जोरहि।।
जउ तुम दीवरा तउ हम वाती।
जउ तुम तीरथ तउ हम जाती।।
सायी प्रीति हम तुम सित्र जोरी।
तुम सिउ जोरि अवर संगि तोरी।
जह जह जाउ तहा तेरी सेवा।
तुम सो ठाकरू अउर न देवा।।
तुमरे भजन कटहि जम फांसा।
भगति हेत गावै रविदास।।

हे प्रभु, मेरा व आपका नाता अभिन्न है। यदि आप पर्वत हैं तो मैं उसमें विचरने वाला मोर हूँ। यदि आप रात को उदित होने वाले चंद्र हैं तो मैं चकोर हूँ। हे माधव, मेरा व आपका संबंध अटूट है। आप भले ही इसे तोड़ दें किंतु आपका प्रेमी भक्त इस नाते को नहीं तोड़ना चाहता और न ही कभी तोड़ सकता है। प्रभु यदि आप दीपक हैं तो मैं उसकी बाती हूँ। यदि आप कोई तीर्थ हैं तो मैं उसी तीर्थ का एक यात्री हूं। हे प्रभु, मैंने तो आपसे नेह का सच्चा नाता जोड़ लिया है, आपके साथ संबंध जोड़ते ही मैं अन्य सभी संबंधों से विमुख हो गया हूँ। अब तो ऐसा प्रतीत होता है कि मैं जहाँ-जहाँ भी जाता हूँ, वह आपकी ही सेवा के लिए हैं मुझे तो आपके समान इस संसार में कोई दूसरा देवता दिखाई नहीं देता। हे प्रभु, आपके गुणगान से भक्त यम के पाश से भी बच जाता है अर्थात् उसे मृत्युलोक का भय नहीं सताता। आपकी प्रेममयी भक्ति में लीन होकर ही रैदास ने यह पद गाया है।

(36) **दुलभ जनमु पुंन फल पाइओ बिरथा जात अविवेके।**
राजे इंद्र समसरि गृह आसन बिनु हरि भगति कइहु किह लेखै।।
न बीचारिओ राजा राम को इसु।
जिह रस अनरस बीसरि जाहि।।
जानि अजान भए हम बावर सोच असोच दिवस जाही।
इंद्री सबल निबल विवेक बुधि परमारथ परवेस नहीं।।
कहीअत आन अचरीअत अन कछु समझ न परै अपट माइआ।
कहि रविदास उदास दास मति परहरि कोपु करहु जीग दइआ।।

संत रवदिास इस पद में कहते हैं कि मनुष्य को अच्छे कर्मों के फलस्वरूप ही यह जीवन प्राप्त होता है किंतु वह विवेकहीन होकर इस जीवन को व्यर्थ गँवा देता है। यदि हम इंद्र पद व उनका एश्वर्य पा भी लें तो भी वह भक्ति-भावना के बिना निरर्थक ही होता है। हम प्रभु से प्राप्त सुख व रस का अनुभव ही नहीं करते, जिसके आगे शेष सभी रस सुख फीके व निरर्थक जान पड़ते हैं। हम ऐसे विषयों पर चिंतन करते हैं, जो चिंता के विषय ही नहीं हैं। इस तरह हमारा जीवन बीतता चला जाता हैं इंद्रिया स्वेच्छाचारी होती जाती हैं तथा विवेक बुद्धि क्षीण हो जाती है। लपंट इंद्रियों के आगे विवेक-बुद्धि का कोई वश नहीं चल पाता। बुद्धि इतनी हीन हो जाती है कि हम कहते कुछ हैं और करते कुछ हैं अर्थात हमारी कथनी व करनी में साम्य नहीं रहता। हम माया को ही पहचान नहीं पाते। रविदास कहते हैं कि हे प्रभु, मुझ पर क्रोधित न हों, मेरी चेतना पर पड़े इस पर्दे को हटाकर, कृपापूर्वक मुझे अपना लें।

(37) **मेरा संगति पोच सोच दिनु राती।**
मेरा करमु कुटिलता जनमु कुमांती।।
राम गुसईंआ जीअ के जीवना।
मोहि न बिसारहु मैं जनु तेरा।।
मेरी हरहु निपति जन करहु सुमाइ।
चरण न छाड़उ सरीर कल जाई।।
कहु रविदास परउ तेरी साभा।
बेगि मिलहु जन करि न विलंबा।।

संत रैदास अपने प्रभु के सम्मुख प्रार्थना करते हुए आत्मनिवेदन करते हैं कि हे प्रभु! मुझे दिन-रात यही चिंता सताती रहती है कि मेरी संगति नीच व दुष्टों के साथ है तथा कर्म कठोरता से भरे हैं। हे प्रभु! मैं आपका भक्त हूँ, आप मुझे कभी मत भुलाना। मैं विनती करता हूँ कि मुझे कुसंग से उबारकर अच्छी

संगति प्रदान करो। चाहे मेरे शरीर की शक्ति समाप्त ही क्यों न हो जाए, मैं आपके चरण नहीं छोडूँगा। फिर वे दयनीय स्वर में पुकारते हैं कि प्रभु, मैं आपके दरबार में पड़ा हूँ। विलंब न करते हुए, मुझे अतिशीघ्र दर्शन दें।

यहाँ संत रैदास की आर्त पुकार सुनकर एक भक्त का कारूणिक चित्र नेत्रों के सम्मुख आन खड़ा होता है जो अपने प्रभु से मिलने को व्याकुल है।

(38) तोही मोही मोही तोही अंतरू कैसा।
कनक कटिक जल तरंग जैसा।।
जउपै हम न पाप करंता अहे अनंता।
पतित पावन नामु कैसे हुंता।।
तुम जु नाइक आछहु अंतरजामी।
प्रभ ते जनु जानीजै जन ते सुआमी।।
सरींरू अराधै मोकउ बीचारू देहू।
रविदास समदल समझावै कोऊ।।

संत रैदास प्रभु रो आपना अभिन्न नाता जोड़ते हुए कहते हैं कि तुममें और मुझमें कोई भेद नहीं है। हमारा-तुम्हारा भेद तो ऐसा ही है जैसे स्वर्ण व उससे बने आभूषण। जैसे जलधारा व उसमें उठने वाली लहरें। वे कहते हैं कि मनुष्य पाप करता है तभी तो परमात्मा पतितपावन कहलाते हैं। हे प्रभु! आप तो अंतर्यामी हैं मनुष्य को अपनी लघुता का एहसास है, तभी तो आप स्वामी हैं। हे प्रभु, मैं इस शरीर से आपकी उपासना करता हूँ। आप मुझे इस पूजन-अर्चन हेतु विचार व चिंतन प्रदान करें रैदास कहते हैं कि मैं सबसे विनती करता हूँ कि कोई मुझे जीवात्मा व परमात्मा का भेद समझा दे। यह समझ आने पर ही मैं भक्ति का मर्म जान पाऊँगा।

(39) नामु तेरो आरती मजनु मरारे।
हरि कै नामु बिनु झूठे सगल पसारे।।
नामु तेरो आसनो नामु तेरो उरसा नामु तेरो केसरो ले छिटकारे।
नामु तेरो अंचुला नामु तेरा चंदनो घसि जपे नामु से तुझहि कउ चारे।।
नामु तेरो दीवा नामु तेरो बाती नामु तेरो तेलु ले माहि पसारे।
नामु तेरे की जोति लगाई भईओ उजिआरो भवन सगला रे।।
तेरो तेरा तागा नामु फूल माला भार अठारह सगल जूठा रे।
तेरो कीआ तुझहि कीआ अपरउ नामु तेरा तुही चवर ढोलारे।।
दसअठा अठसठे चारे खाणी इहै वरतणि है सगल संसारे।
कहै रविदासु नामु तेरो आरती सतिनामु है हरि भोग तुहारे।।

रैदास कहते हैं कि हे प्रभु, मैं कर्मकाण्डी पूजा के विधान नहीं जानता और न ही उस रूप में आपको पूज पाता हूँ। मेरे लिए तो हरि का नाम ही तीर्थादि स्नान है। सुरति के बिना प्रभु के नाम का स्मरण नहीं हो पाता। आरती विधान में प्रभु का नाम ही पूजा की सामग्री होता है। हे प्रभु, मेरे लिए तो आपका नाम ही आरती, तीर्थ-स्थान, चंदन व अर्चन है। चंदन को घिसने के लिए जो जल चाहिए, वह भी आपका नाम ही है। आपका नाम ही आरती का आसन व बैठने की मुद्रा है। आपके नाम को ही हम दीपक व बाती के रूप में प्रयोग करते हैं। हम इस दीप में आपके नाम का ही स्नेह रूपी तेल भरते हैं। ऐसे रूपक में जागृत होने वाली ज्योति से सारा लोक प्रकाशित हो जाता है। आपके नाम जप की फूलमाला गूँथकर ही मैं प्रभु को अर्पित करता हूँ। इस माला में नाम का ही सूत्र होता है तथा नाम के ही पुष्प होते हैं। जगत ही वनस्पति की तुलना में हार्दिक भाव कहीं पवित्र होते हैं। पुष्प माला उतनी ताजी नहीं होती जितनी कि हमारी हार्दिक माला होती है। मैं आपके द्वारा निर्मित वनस्पति को आप पर कैसे चढ़ा सकता हूँ, इसलिए मैं आपके नाम का ही चंवर झुलाता रहता हूँ। अठारह पुराणों व अड़सठ तीर्थों में मनुष्य के अतिरिक्त बाकी सभी जीव भी इसी तरह मानसी पूजन करते हैं। जिस तरह आरती में चक्राकार धूप-दीप घुमाकर आरती होती है उसी तरह मानसी आरती में प्राणी स्वयं घूम-घूम कर चक्कर लगाता है। हे प्रभु, मेरे लिए तो आपका नाम ही आरती के समान है। इस मानसी आरती के बाद मन में सतनाम का जो अमृत छलकता है, वह आपकी आरती का भोग प्रसाद ही तो है।

(40) जब हम होते तब तू नाहीं अब तू ही मैं मांहीं।
अनल अगम जैसे लहरि महओदधि जल केवल जल मांही।।
माधवे किआ कही ऐ भ्रमु ऐसा।
जैसा मानीऐ होइ न तैसा।।
नरपति एकु सिंघांसनि सोइआ सुपने भइआ भिखारी।
अछत राज बिछुरत दुखु पाइआ सो गति भई हमारी।।
राज भुइअंग प्रसंग जैसे छहि अब कछु मरमु जनाइआ।
अनिक कटक जैसे भूलि परे अब कहते कहनु न आइआ।।
सरवे एकु अनेकै सुआमी सम घट भोगवै सोई।
कहि रविदास हाथ पे नेरै सहजै होइ सु होई।।

संत रैदास कहते हैं कि हे प्रभु, आपका चिंतन करते समय जब तक अहं प्रबल रहता है, तब तक आप नहीं दिखते। जब आप ही आप होते हैं तो मेरा मैं या अहं कहीं नहीं टिक पाता। जिस तरह जल में आग का ठहरना संभव नहीं

होता किंतु फिर भी महासागर में अदृश्य रूप से बड़वाग्नि समाई रहती है, उसी तरह इस पूरी सृष्टि में प्रभु विधमान हैं। हे प्रभु, ऐसा सोचते ही, केवल आप ही आप शेष रह जाते हैं और कुछ नहीं बचता। हे प्रभु, यह संसार भी कितना विचित्र है, जिस तरह राजा स्वप्न में स्वयं को भिखारी होता देख दुखी हो जाता हैं उसी तरह हम भी भ्रांति में पड़कर स्वयं को दुखी मान बैठते हैं तथा हृदय के आनंद से स्वयं को वंचित कर लेते हैं। साँप व रस्सी के उदाहरण से इस बात को भली-भांति जान सकते हैं। जिस तरह कोई व्यक्ति अँधेरे में रस्सी को ही साँप जानकर भयभीत रहता है, उसी तरह हम संसारी जीव भी भ्रम में पड़े रहते हैं। हृदय में व्याप्त अहंकार के विलीन होते ही प्रभु दिखने लगते हैं। भ्रांति की मनोदशा उसी प्रकार है जिस तरह कोई कुण्डल आभूषणों को तो देखे किंतु उनके मूल तत्व स्वर्ण को न पहचाने। सत्य तो यह है कि वही एक स्वामी अलग-अलग रूपों में घट-घट व्याप्त है। जब भक्ति रूपी प्रकाश उदित होता है तो सबकुछ सहज भाव से दिखने लगता है।

रविदास जी की सखियाँ

(1) हरि सा हीरा छोड़ कर, करे आन की आस।
ते नर जमपुर जायेंगे, सति भाषै रविदास।।

रविदास जी पूरे जग को संबोधित करते हुए कहते हैं कि जो मनुष्य हरि जैसे हीरे को छोड़कर किसी दूसरे की शरण में जाता है, उसे तो यमलोक के कष्ट व क्लेश भोगने ही पड़ते है।

(2) जिम्या सों ओंकार जप, हत्थन सो कर कार।
राम मिलहिं घर आहकर क्रह रविदास विचार।।

रविदास जी सोच-विचार कर कहते हैं कि यदि तू जीभ से ओंकार जपते हुए, हाथों से कर्मरत रहेगा तो राम स्वयं घर आकर तुझसे मिलेंगे। ईश्वर को भी कर्मयोगी भक्त बेहद भाते हैं।

(3) मंदिर मस्जिद, भ्रमन फिरे, मिले न हर की ठौर।
हरिनाम हृदय बसे, क्यूँ ढूंढे चहुँ ओर।।

मंदिर, मस्जिद में क्यों घूमता फिरता है, ऐसे तुझे प्रभु का ठिकाना नहीं मिलेगा। प्रभु का नाम अर्थात ओंकार तो तेरे हृदय में वास करता है, तू उसे चारों ओर क्यों ढूँढ रहा है।

(4) रविदास उपजहि इक बूँदै सो, समहिं इक समान।
इक जोति सम उपजहि, तउ ऊँच-नीच कहु मान।।

रविदास जी कहते हैं कि सब एक ही बूँद से उत्पन्न हुए हैं तथा एक समान हैं। सब एक ही ज्योति से उत्पन्न हुए हैं अतः किसी को छोटा-बड़ा नहीं मानना चाहिए। इस संसार में सभी एक समान हैं

(5) भीतर तन चेत रहे, बाहिर रहे उदास
ते नर अमरापुर जाहिंगे सति भाषै रविदास

रविदास जी सत्य ही तो कहते हैं कि जिनके शरीर में प्रभु का नाम जागृत होता है तथा बाहर से वे संसार में कर्मरत रहते हैं, वे निश्चय ही मोक्षधाम को जाएँगे।

(6) **जैसे माया मन रमें, तैसे नाम रमाय**
तारा मंडल वेधि के, रविदास अमरापुर जाय

जिस प्रकार मन माया में लिप्त है, ऐसे ही मन को राम में रमा कर रविदास जी तारामण्डल पार कर अमरधाम चले गए।

(7) **ग्रहहि रहहु सतकार करिहु, हरदम चितहु ओंकार।**
रविदास हमरो बाधला, हुई केवल नाम अधार।।

घर पर ही रह कर सत्कर्म करता हूँ व हर समय ओंकार का चिंतन करता हूँ। रविदास जी कहते हैं कि मेरा पूरा जीवन केवल नाम के ही आधार है। यही नाम सुमिरन ही मेरे जीवन का एकमात्र ध्येय है।

(8) **प्रभु भक्ति श्रम साधना, जग महँ जिन्हहिं पास।**
तिन्हहिं जीवन सफल भयो, सत भाषै रविदास।।

रविदास जी सत्य ही कहते हैं कि परिश्रम की साधना व प्रभु की भक्ति, जग में जिसके पास ये दोनों हैं, उसी का जन्म सफल है।

(9) **रविदास श्रम करि खइहि, जौ लौ पार बसाय।**
नेक कमाई जउ करइ, कबहुँ न निष्फल जाय।।

रविदास जी कहते हैं कि प्रत्येक मनुष्य को मेहनत की कमाई खानी चाहिए। जो कोई नेक कमाई करता है, उसकी कमाई कभी निष्फल नहीं जाती।

(10) **जनम जात कूँ छोड़ि कर, करनी जात पर ध्यान।**
इहो वेद को धरम है, कह रविदास बखान।।

रविदास जी कहते हैं, कि मनुष्य को अपने जन्म की जाति को भुलाकर कर्म की जात पर ध्यान देना चाहिए, यही वेदों का असली धर्म है। ईश्वर की नजर में सभी मनुष्य एक समान हैं।

(11) **करमन कूँ परमाउ तजि, नेह करमी हउ करि काम।**
रविदास नैहकरमी करम ही, मेल कराए राम।।

रविदास जी कहते हैं कि मनुष्य को कर्मों का प्रभाव त्याग कर नेक कर्मों की कमाई करनी चाहिए, नेक व भले कर्म करने से ही तो राम मिलते हैं। पुण्य कर्म करके ही ईश्वर-प्राप्ति संभव है।

(12) **आप खावे और खिलावे, और करे मजूरी।**
कह रविदास सुनो भई साधो, उनकी भक्ति पूरी।

रविदास कहते हैं कि हे सज्जन! जो व्यक्ति परिश्रम करके स्वयं खाता है तथा दूसरों को भी खिलाता, इस संसार में उसी की भक्ति को सच्चा जानो। उसकी ही भक्ति पूरी है।

(13) श्रम को इसुरी जानि कै, जो पूजे दिन रैन।
रविदास तिन्हें संसार में, सदा मिलै सुख-चैन।।

रविदास कहते हैं कि जो परिश्रम को ही ईश्वर जान कर दिन-रात पूजता है इस संसार में उसे सदा सुख-शांति प्राप्त होती है।

रविदास जी ने सदा परिश्रम को महत्व दिया तथा प्रत्येक मनुष्य को उपदेश दिया कि उसे नेक कमाई करके परिवार का पेट भरना चाहिए।

(14) रविदास जन्म चमार घर, नित उठ कूटे चाम।
अन्तर लिवि लागी रहे, हाथ करम मुख नाम।।

रविदास जी कहते हैं कि मेरा जन्म चमार के घर हुआ है, मैं यूँ तो दिन-रात चमड़ा कूटता हूँ पर मेरे मन में लगन रहती है अर्थात मैं हाथों से काम करता हूँ और मन ही मन भगवान को भजता रहता हूँ।

(15) नीच न कोई जाति, नीच न कोई गाम।
नीच ताहि को जानिये, नीच करे जो काम।।

न तो कोई जाति नीची होती है और न ही कोई गाँव। रविदास जी कहते हैं कि नीच वही होता है जो नीच व छोटे कर्म करता है।

(16) ऊचे-ऊचे सब बनै, नीचा बने न कोय।
नीचे में दरिया बहे, सभि रंग में होय।।

सब अपने-आप को बड़ा मानते हैं, कोई भी छोटा नहीं बनना चाहता। जबकि दरिया व नदियाँ तो नीची ही बहती हैं। भाव यह है कि विनम्रता ही भक्ति की सच्ची पराकाष्ठा है।

(17) पराधीन का दीन क्या, पराधीन बेदीन।
रविदास पराधीन को, सबहिं समझे हीन।।

पराधीन व्यक्ति का कोई धर्म नहीं होता। उसे सदैव दूसरों के अधीन रहना पड़ता है व सब उसे गिरा हुआ मानते हैं।

(18) **जात जात में जाति है, ज्यों केलन के पात।**
रविदास मानुष न जुड़ सके, जब लग जाति न जात।।

रविदास जी जाति व्यवस्था पर व्यंग्य करते हुए कहते हैं कि जैसे केले के पत्तों में भी पत्ते होते हैं, उसी तरह बिरादरी में भी बिरादरियाँ छिपी होती हैं। जब तक यह जाति का चक्कर नहीं मिटता, तब तक मनुष्य एक नहीं हो सकता।

(19) **जात-पात के फेर मंहि, अरुसि रहयो सम लोग।**
मानुषता कूँ खाइ रहयो, रविदास जात कउ रोग।।

रैदास कहते हैं कि इस जाति-पांति के जाल ने सभी को उलझा रखा है। यह जाति का रोग धीरे-धीरे मानवता को खा रहा है।

इस जाति रूपी रोग को मिटाने से ही मानवता का कल्याण हो सकता है।

(20) **ऐसा चाहूँ राज मैं, मिले सब्ब को अन्न।**
छोटा बड़ा सुखी रहे, रविदास रहे प्रसन्न।।

रैदास जी कहते हैं कि मैं ऐसा राज चाहता हूँ जिसमें सभी को अन्न मिले। जाति-पांत से ऊपर उठकर, सभी छोटे-बड़े मिलकर प्रसन्तापूर्वक रहें, तभी रैदास भी प्रसन्न रह सकता है।

(21) **रविदास जाति पाँति पूछई, का जात का पात।**
ब्राह्मन खत्री वैश शूद, एकै सबन की जात।।

रैदास कहते हैं कि दूसरों से जाति-पांति क्या पूछते हो ब्राह्मण, क्षत्रिया वैश्य व शूद्र आदि चारों वर्ण एक ही मनुष्य जाति के हैं।

(22) **वेद कतेब पढ़े व कुतुबा, वे मुल्ला वे पण्डे।**
विविध विध के नामा धराये, सभी इक मिट्टी के भाण्डे।।

रैदास कहते हैं कि वेदों को पढ़कर हिंदू पंडित बन गए और कुरान को पढ़कर मुसलमान हाफ़िज बन गया पर सभी मनुष्य एक ही कुम्हार के भांडे हैं अर्थात एक ही परमपिता की संतान है।

(23) **बाहर खोजन क्या फिरे, घट माहिं तू खोज।**
रविदास उनमनि साधिकर, देख पिया कू ओज।।

रैदास कहते हैं कि उस ईश्वर को बाहर खोजने की बजाए अपने भीतर देख। ध्यान लगा और अपने भीतर ईश्वरीय प्रकाश (आत्म ज्योति) के दर्शन कर ले।

(24) रविदास जन्म के कारणे, होत न कोई नीच।
नर को नीच करि डारि है, ओछे करम की कीच।।

रैदास कहते हैं कि जन्म से ही कोई भी मनुष्य छोटा या ऊँचा नहीं होता। खोटे कर्मों का कीचड़ ही मनुष्य को नीच बना देता है।

(25) अंतरगति रायैं नहीं, बाहर कथैं उदास।
ते नर जमपुर जाहिंगे, सत भाषै रैदास।।

रैदास कहते हैं कि जो भक्त अपने प्रभु से एकाकार नहीं है तथा बाहर दूसरों को उपदेश देता फिरता है, ऐसा व्यक्ति स्वयं को नहीं समाज को भी धोखा देता है तथा यमराज के कोप का भागी बनता है।

(26) रैदास कहै जाके हृदै, रहै रैन दिन राम।
सो भगता भगवंत सम, क्रोध न व्यापै काम।।

जो निर्मल हृदय दिन-रात स्वयं को राम में रमाए रखता है। रैदास के अनुसार ऐसा भक्त काम, क्रोध आदि विकारों से मुक्त होकर भगवत् स्वभाव वाला हो जाता है।

(27) बाहर उदक पखारिये, घट भीतर विविध विकार।
सुद्ध कवत पर होइवो, सुचि कुंजर विधि व्यौहार।।

संसारी मनुष्य का व्यवहार हाथी की तरह विवेक रहित होता है जिस तरह स्नान के पश्चात् वह फिर से धूल-धूसरित हो जाता है, उसी तरह मनुष्य भी शुद्ध आचरण के साथ, अशुद्ध विचार अपनाने में विलंब नहीं करते।

(28) रैदास राति न सोइये, दिवस न करिये स्वाद।
अह-निसि हरि जी सुमिरिये, छाड़ि सकल प्रतिवाद।।

संत रैदास कहते हैं कि अधिक निद्रा प्रमाद का प्रतीक है। रात को अधिक समय तक सोना नहीं चाहिए तथा दिन को विविध स्वाद लेते हुए नहीं बिताना चाहिए। जीवन की सार्थकता इसी में है कि मनुष्य दिन-रात हरि नाम का स्मरण करता रहे।

(29) केहि विधि पार पाइबो, कोउ न कहै समुझाइ।
कवन जुगत अस कीजिये, जातैं आवागवन विलाइ।।

रैदास कहते हैं कि आवागमन से मुक्ति पाने की बात तो सभी करते हैं किंतु ऐसा कौन-सा तरीका है जिसे अपनाकर आवागमन से मुक्ति पाई जा सकती है।

(30) अनिक जतन निग्रह किये, टारी न टरै भ्रम फांस।
प्रेम भगति नहिं ऊपजै तातें रैदास उदास।।

मनुष्य अनेक प्रकार से संयम-अनुशासन का पालन करने के बावजूद भ्रम का निराकरण नहीं कर पाता। रैदास चिंतन करते हुए कहते हैं कि कर्म करने के साथ-साथ प्रेम का भक्ति भाव भी उदय होना चाहिए।

(31) धर्म निरूपन बहु विधि, करत दीसै सब लोय।
कवन कर्म तें छूटिये, जेहिं साधे सब सिध होय।।

लोग नाना विधियों से धर्म निरूपण में प्रवृत होते हैं। अतः इस कर्म विवेचन में किसे अपनाया जाए कि सबकुछ सिद्ध हो जाए।

(32) कर्म अकर्म विचारिये, संका सुनि वेद पुरान।
संसा सद हिरदै वसै, कौन हरै अभिमान।।

वेद पुराण आदि शास्त्रों में वर्णित वचनों को सुनकर मन में शंका उत्पन्न होती है, उसका समाधान कौन दूर कर सकता है।

(33) रैदास तूँ काँवच फली, तुझै न छीपै कोइ।
तैं निज नांव न जानियाँ, भला कहाँ ते होइ।।

रैदास कहते हैं कि मैं तो कौंच की उस फली के समान हूँ जिसे कोई छूना भी पसंद नहीं करता। ऐसे परिवेश में आत्मस्वरूप को जानकर ही अपना कल्याण किया जा सकता है, अपनी अस्मिता की रक्षा की जा सकती है।

(34) जा देखे घिन उपजै, नरक कुंड में वास।
प्रेम भगति से ऊघरे, प्रगटत जन रैदास।।

रैदास अपने वर्ण के विषय में कहते हैं कि लोग हमें घृणा की दृष्टि से देखते हैं हमें प्रेम का पंथ अपनाना चाहिए। भक्ति का प्रेम रूपी मार्ग अपनाकर ही हम अपना उद्धार कर सकते हैं।

(35) रवि प्रकास रजनी, जथा, गति जानत सब सांर।
लोहा जिमि पारस छुए, कनक होत नहिं बार।।

रात को रवि के प्रकाश के दर्शन हो जाएँ तो चेतना प्रभावित हो जाती है। गुरु का स्पर्श भी शिष्य के लिए ऐसा ही है मानो पारसमणि का लोहे से छू जाना। पारसमणि से छूते ही लोहा भी सोना बन जाता है।

(36) परम पुरुष गुरु भेंटिये, पूरब लिखित ललाट।
उनमुन मन मनहीं मिलै, घुटकत बजर कपार।।

यहाँ वे कहते हैं कि संचित कर्मों के फल से ही आदर्श गुरु से भेंट हो पाती है। मन जब उन्मन दशा को प्राप्त होता है तो अमेघ द्वार खुलने में भी समय नहीं लगता।

(37) जन्म जात मत पूछिये, का जात अरू पात।
रविदास पूत सम प्रभ के, कोउ नहिं जात कुजात।।

किसी से भी उसकी जाति नहीं पूछनी चाहिए। रैदास कहते हैं कि कोई भी जात-कुजात नहीं होता, हम सभी एक ही प्रभु की संतान हैं।

(38) ब्राह्मन खतरी वैस सूद, रविदास जनम ते नांहि।
जौ चाहइ सुबरन कउ, पावइ करमन मांहि।।

ब्रह्मण, क्षत्रिय, वैश्य तथा शूद्र का यह जाति भेद उचित नहीं है। कोई भी व्यक्ति श्रेष्ठ कर्म करने पर ही श्रेष्ठ जाति का गिना जा सकता है।

(39) दया भाव हिरदै नहीं, भखहिं पराया मास।
ते नर नरक महँ जाइहिं, सत भाषै रविदास।।

संत रैदास कहते हैं कि मेरा यह सत्य वचन है कि जो पराए जीवों का मांस भक्षण करते हैं, उनके हृदय से दया भाव लुप्त हो जाता है, वे क्रूर कर्म करते हैं अत: वे निश्चय ही नरकगामी होकर घोर कष्ट सहेंगे।

(40) प्रानी वध नहिं कीजयहि, जीवह ब्रह्म समान।
रविदास पाप नंह छूटइ, करोर गउन करि दान।।

संत रैदास जीव हत्या करने वालों से कहते हैं कि किसी भी प्राणी की हत्या मत करो, प्रत्येक जीव में ब्रह्म समाया है। यदि जीव-हत्या की तो करोड़ों गौएँ दान करने पर भी यह पाप नहीं छूटेगा।

(41) नेक कमाई जउ करई, ग्रह तजि वन नहीं जाय।
रविदास हमारो राम राय, ग्रह मंहि मिलहिं आय।।

रैदास कहते हैं कि नेक कमाई करने वाले को गृह त्याग कर वनवासी नहीं बनना पड़ता। प्रभु स्वयं उसके द्वार पर मिलने आते हैं।

(42) रविदास सोइ साधु भलो, जउ हंसा गति होय।
काम करम सम छाड़ि करि, राम भजन मुँह खोय।।

रैदास कहते हैं कि बाहरी आडंबर से साधु की पहचान नहीं होती। सच्चा साधु तो अपने आचरण व शील स्वभाव से ही पहचाना जाता है। वह मन, वाणी और कर्म से साधु होता है तथा सदा राम के नाम में लीन रहता है।

(43) रविदास हौं निज हत्थहिं राखौ रांवी आर।
सुकिरत ही मम धरम है, तारेगा भव पार।।

रैदास यहाँ साखी को अपने जीविका कर्म से जोड़ते हुए कहते हैं कि मैं अपनी कांपी और सुआ कभी नहीं त्यागता। ये औजार ही कर्म के प्रति मेरे मन में पवित्रता के भाव बनाए रखते हैं। ये नेक कर्म ही मुझे भवसागर से पार उतारेंगे।

(44) रविदास सोइ साधु भलो निर्मल जाकै बैन।
जिह करि दरस औ परस सों, मन उपजहि सुख चैन।।

रैदास कहते हैं कि जो साधु मीठे वचन कहे, जिसके दर्शन व स्पर्श से मन निर्मल व शांत हो जाए, उसे ही सच्चा साधु जानें।

(45) सब निवासी राम जू, सब घट रह्यो समाइ।
रविदास नाम चकमक बिना, हक नूर अप्रिस्टाइ।।

रैदास कहते हैं कि प्रभु राम तो घर-घर में बसे हैं। जिस तरह चकमक पत्थर में छिपी आग रगड़ने से ही प्रकट होती है, उसी तरह सबके मन में छिपे राम सुमिरन से ही प्रकट होते हैं।

(46) सब्ब विआपक राम हइ, नांह कोउ इक ठाँव।
सतिगुर साहिब सखा भयो, रविदास हमारो राम।।

रैदास कहते हैं कि प्रभु राम सर्वत्र व्यापक हैं ऐसा कोई भी स्थान नहीं हैं, जहाँ प्रभु न हों अर्थात प्रभु को सीमित करके न देखें। वे तो पति-पिता या स्वामी ही नहीं अपितु सखा भाव में भी संग विचरते हैं।

(47) रविदास दिया जगमग जरई, बिन बाती बिन तेल।
सुरता हिय महिं साधि कर, देख पिया का खेल।।

रैदास कहते हैं कि बाती और तेल के बिना भी हृदय में अखंड ज्योति जल रही है। इस प्रकाश से मिलन के बाद, ध्यान समाधि लगाकर, प्रभु लीला के दर्शन करो।

(48) प्रेम पंथ की पालकी, रविदास बैठियो आय।
सांचे सामी मिलन कूं, आनंद कह्यौ न जाय।।

रैदास कहते हैं कि मैं प्रेम भाव की पालकी पर सवार होकर प्रभु से मिलने को उत्सुक हूँ। इस मिलन की उत्कंठा में जो आनंद छिपा है, वह सचमुच वर्णनातीत है।

(49) रविदास पिउ बिन जगत कहँ, सूनी सेज न कोइ।
जित देखूँ तित पिअ कर, प्रगट मोजरा होइ।।

रैदास प्रिय भाव से कहते हैं कि इस संसार में कोई भी जीवात्मा प्रिय के बिना नहीं है। मैं इस भाव से जहाँ भी देखता हूँ, वहाँ वे ही सबका अभिवादन स्वीकार करते दिखते हैं।

(50) देहुरा अरू मसीत माँहिं, रविदास न सीस नवाय।
जिह लौं सीस निवावना, सो ठाकुर सम थांय।।

ऐसे मंदिर मस्जिद में शीश क्या निवाना, जहाँ भेद पैदा करने वाले हों। शीश तो वहीं झुकना चाहिए, जहाँ प्रभु हों। प्रभु सर्वत्र हैं, अतः कहीं भी शीश नवा सकते हैं।

(51) मुकुर मांह परछाइं ज्यों, पुहुप मघे ज्यों बांस।
तैसउ ही श्री हरि बसै, हिरदै मघै रविदास।।

रैदास कहते हैं कि श्री हरि दर्पण बिंब व पुष्प गंध की तरह निरंतर उनके हृदय में समाए रहते हैं अर्थात वह परमात्मा सूक्ष्म होने कारण बिंब अथवा सुगंधि के अनुभव रूप में आता है।

(52) मसजिद सों कछु घिन नहीं, मंदिर सों नहीं पिआर।
दोउ मुँह अल्लाह राम नहिं, कह रविदास चमार।।

इस साखी में रैदास संत मत का पक्ष लेते हुए कहते हैं कि मुझे न तो मस्जिद से घृणा है और न ही मंदिर से अतिरिक्त लगाव है, क्योंकि मैं देखता हूँ कि वहाँ विद्वेष तथा क्लेश है, ऐसे स्थान पर परमात्मा कैसे हो सकता है।

(53) जो खुदा पच्छिम बसै, तौ पूरब बसत है राम।
रविदास सेवौ जिह ठाकुर कूं, तिह का ठांव न नाम।।

वे सांप्रदायिकता पर चोट करते हैं, कि एक खुदा का घर पश्चिम में मानता है और दूसरा कहता है कि ईश्वर पूर्व में है। मैं तो उस ठाकुर की अराधना करता हूँ, जो किसी स्थान विशेष में नहीं रहते व जिन्हें किसी भी नाम से पुकारा जा सकता है।

(54) रविदास एकै ब्रह्म का, होइ रहयो सगल पसार।
एकै माटी सब घटै स्रजै, एकै सम कूं सिरजनहार।।

रैदास कहते हैं कि ब्रह्म तत्व सर्वत्र व्याप्त है। एक ही स्रष्टा ने सबको रचा है। एक ही माटी से सब पिण्ड बनते हैं तो वर्ण या जाति के आधार पर भेद क्यों?

(55) रविदास पेखिया सोध करी, आदम सभी समान।
हिंदू मुसलमान केउ, स्रिष्टा इक भगवान।।

रैदास कहते हैं कि सारा मानव वंश एक ही प्राण तत्व से जीवंत है। कोई भी छोटा-बड़ा या ऊँचा-नीचा नहीं है। हिंदू हो या मुसलमान, सबको एक ही भगवान ने रचा है तो उनमें भेद क्यों?

(56) रविदास हमारो राम जी, दसरथ करि सुत नांहि।
राम हमऊँ महि रमि रह्यौ, बिसव कुटंखह मांहि।।

रैदास कहते हैं कि हमारे इष्ट राम केवल दशरथ के पुत्र नहीं हैं, वे तो हम सब में हैं तथा अन्तर्यामी रूप में हैं।

(57) मुसलमान सों करि दोसती, हिंदुअन सों करि प्रीत।
रविदास जोति सम राम की, सम हैं अपने मीत।।

रैदास कहते हैं कि मुसलमान हो या हिंदू सबके प्रति प्रीति का भाव अपनाना चाहिए क्योंकि सभी वंश व जातियाँ एक ही ज्योति से प्रकाशित हैं।

(58) रविदास उपजइ सम इक नूर तें, ब्राह्मन मुल्ला सेख।
सम को करता एक है, सम कूं एक ही पेख।

ब्राह्मण हों, मौलवी हों अथवा शेख; इन सबकी सृष्टि एक ही तेज प्रकाश से हुई अतः इन सबको एक रूप से अर्थात समान भाव से देखो।

(59) रविदास सोई साधु मनो, जउ, जसहि पर पीर।
पर पीरा कहुँ पेखि के रहवे सदहि अधीर।।

सच्चे साधु की सबसे बड़ी पहचान यही है कि वह पर पीड़ा देख द्रवित हो उठता है तथा उसका हृदय अधीर बना रहता है।

(60) सुख सरिता महँ बूड़ि करि सूझ बूझ मति खोय।
दुख की बदरी पेखि कै रविदास न दीजै रोय।।

रैदास चेताते हैं कि भाग्यवश सुख तथा भोग मिलें तो उनमें अपने-आप को नहीं भुलाना नहीं चाहिए तथा कभी दुख कष्ट के बादल मंडराएँ तो रोना नहीं चाहिए। सुख-दुख में समता भाव ही श्रेयस्कर माना जाता है।

(61) रविदास मदुरा का पीजियै, जो चढ़ै चढ़ै उतराय।
नांव महारस पीजियै, जो चढ़ै नांहि उतराय।।

संत रैदास कहते हैं कि मदिरा पान करने से चित्त विचलित हो जाता है तथा नशा उतरने पर ग्लानि होती है। मनुष्य को राम नाम रूपी महारस पीना चाहिए, यदि वह चेतना में समा जाए तो आजीवन नहीं उतरता।

(62) जब जनमें तउ सूदर थे, अरु थे अति अपवित्र।
वरण करम सो होत हैं, रविदास करौ जउ नित्त।।

जब जन्म हुआ तो सभी शूद्र व अपवित्र थे। रैदास कहते हैं कि हम रोज जो कर्म करते हैं, उसी से वर्ण बनता है।

(63) जो जल दिया कबीर को, सो पिया कमाली।
पेट भरा रविदास का, और पिण्ड सब खाली।।

जो अमृतजल रैदास जी ने कबीर को दिया था। उसे पीकर कमाली ने दिव्य ज्ञान पा लिया। रैदास कहते हैं कि उस अमृत से केवल मेरा पेट भरा है, बाकी संसार खाली है।

वाणी–भाग

(1) इहै अंदेसा सेचि जिय मेरे।
निस बासुरि गुन गाँऊँ रामं तेरे।।
तुम्ह च्यतंत मेरी च्यतां हो न जाई। तुम्ह च्यांतमनि होऊ कि नाहीं।।
भगति हेत का का नहीं कीन्हा। हमारी बेर भये बल हीनां।।
कहै रैदास दास अपराधी। जिहि तुम्ह ढरवौ सो मैं भगति न साधी।।

(2) रांम राइ का कहिये यहु ऐसी।
जन की जांनत हौ जैसी तैसी।।
मीन पकरि काह्यौ अरू फाट्यौ, बंटि कीयौ बहु बांनी।
खंड खंड कर भोजन कीन्हौं, तऊ न बिसारयौ पांनी।।
तै हम बांधे मोह पासि मैं, हम तूं प्रेम जेवरिया बांध्यो।
अपने छूटन के जतन करत हौ, हम छूटे तूँ आराध्यौ।।
कहै रैदास भगति एक बाढ़ी, अब काकौ डर डरिये।
जा डर कौं हम तुम्ह कौं सेवैं, सु दुखु अजहूँ सहिये।।

(3) रथ कौ चतुर चलावन हारौ।
खिण हाकै खिण अमौ राखै, नहीं आन कौ सारौ।।
जब रथ रहै सारहीं थाके, तब को रथहि चलावै।
नाद विनोद सबै ही थाके, मन मंगल नहीं गावैं।।
पाँच तत कौर यहु रथ साज्यौ, अरधैं उरघ निवासा।
चरन कवल ल्यौ लाइ रह्यौ है, गुण गावै रैदासा।।

(4) रे मन माछला सांसर समंदे, तू चित्र विचित्र विचारी रे।
जिहि गालै गिलियाँ ही मरियें, सो संग दूरि निवारी रे।।
जम छैड़ि गणि डोरि छै कंकन, प्र त्रिया गालौ जांणि रे।
होइ रस लुबधि इमैं यू मूरिख, मन पछितावै त्यांणि रे।।
पाप गिल्यौ छै धरम निबौली, तू देखि देखि फल चाखि रे।
पर त्रिया संग भलौ जे होवै, तौ राणां रांवण देखि रे।।

कहै रैदास रतन फल कारणि, गोब्वंद का गुण गाइ रे।
कायौ कुंभ भर्‌यौ जल जैसें, दिन दिन घटतौ जाइ रे।।

(5) जो तुम तोरौं रांम मैं नहीं तोरौं।
तुम सौं तोरि कवन सूँ जोरौं।।
तीरथ व्रत का न करौं अंदेसा, तुम्हारे चरन कवल का भरोसा।
जहाँ जहां जांऊँ तहां तुम्हारी पूजा, तुम्ह सा देव अवर नहीं दूजा।।
मैं हरि प्रीति सबनि सूँ तोरी, सब स्यौं तोरि तुम्हैं स्यूँ जोरी।
सब परहरि मैं तुम्हरी आसा, मन क्रम वचन कहै रैदासा।।

(6) पांडे कैसी पूज रची रे।
सति बोलै सोई सतिवादी, झूठी बात बची रे।।
जो अविनासी सबका करता ब्यापि रह्यौ सब ठौर रे।
पंच तत जिनी कीया पसारा, सो यौ ही किधौं और रे।।
तू जो कहत है यौ ही करता, या कौं मनिख करै रे।
तारण सकति सहीजे यामैं, तौ आपण क्यूँ न तिरै रे।।
अहीं भरोसे सब जग बूझा, सुंणि पंडित की बात रे।
याकै दरसि कौंण गुण छूटा, सब जग आया जात रे।।
याकी सेव सूल नहीं भाजै, कहै न संसै पास रे।
सोचि विचारि देखिया मूरति, यौं छाड़ौ रैदास रे।।

(7) हरि हरि हरि न जपहि रसना।
अवर सम तिआणि बचन रचना।।
सुख सागरु सुरतर चिंतामनि कामधेनु बसि जाके।
चारि पदारथ असट दसा सिधि नवनिधि करतल ताके।।
नाना खिआन पुरान वेद विधि चउतीस अखर माँही।
विआस विचारि कहिओ परमारथु राम नाम सरि नाही।।
सहज समाधि उपाधि रहत फुनि बड़ै भागि लिव लागी।
कहि रविदास प्रगासु रिदै धरि जनम मरन मै भागी।।

(8) माधौ भ्रम कैसें न विलाइ।
ताथैं द्वती भाव दरसाइ।।
कनक कुंडल सूत्र पट जुदा, रजु भुजंग भ्रम जैसा।
जल तरंग पांहन प्रितमां ज्यूँ, ब्रह्म जीव द्वती जैसा।।

विमल ऐक रस, उपजै न विनसै, उदै अस्त दोई नांहीं।
विगता विगति गता गति नांहिं, बसत बसै सब मांहीं।।
निहचल निराकार अजीत अनूपम, निरमै गति गोब्वंदा।
अगम अगोचर अस्विर, अतरक, त्रिगुण नित आनंदा।।
सदा अतीत ग्यांन ध्यानं निबरजित, नीरविकार अविनासी।
कहै रैदास सहज समंनि सति, जीवन मुकति निधि कासी।।

(9) प्रानी किआ मेरा किआ तेरा।
तैसे तरवर पंखि बसेरा।।
जल की भीति पवन का थंमा। रकत बुंद का गारा।
हाड़ मास नाड़ी को पिंजारू। पंखी बसै विचारा।।
राखहु कंघ उसारहु नीवां। साढ़े तीनि हाथ तेरी सीवां।।
बंके बाल पाग सिर डेरी। इहु तनु होइगो भसम की ढेरी।।
ऊचे मंदर सुंदर नारी। राम नाम बिनु बाजी हारी।।
मेरी जाति कमीनी पांति कमीनी। ओछा जनमु हमारा।।
तुम सरनागति राजा रामचंद। कहि रविदास चमारा।।

(10) चमरटा गाँठि न जनई।
लोग गठावै पनही।।
आर नहीं जिह तोपउ। नहीं रांवी गउ रोपउ।।
लोग गंठि गंठि खरा विग्या। हऊ बिनु गांठे जाइ पह्या।।
रविदासु जपै राम नामा। मोहि जम सिउ नाही कामा।।

(11) माधवे तुम न तोरहु तउ हम नहीं तोरहि।
तुम सिउ तोरि कवन सिउ जोरहि।।
जउ तुम गिरिवर तउ हम मोरा। जउ तुम चंद तउ हम भए है चकोरा।।
जउ तुम दीवरा तउ हम बाती। जउ तुम तीरथ तऊ हम जाती।।
साची प्रीति हम तुम सिउ जोरी। तुम सिउ जोरी अवर संगि तोरी।।
जह जह जाउ तहा तेरी सेवा। तुम सो ठाकरू अउरू न देवा।।
तुमरे भजन करहि जम फाँसा। भगति हेत गावै रविदासा।।

(12) मन मेरे सोई सरूप विचार।
आदि अंत अनंत परम पद संसै सकल निवार।।
जस हरि कहियत तस तौ नहीं, है अस जस कछू तैसा

जानत जानत जानि रह्यौ मन, ताकौ मरम कहाँ निज केसा।
कहियत आन अनुभवत आन, रस मिल्या न बेगर होई।
बाहरि भीतरि गुप्त प्रगट, घट घट प्रति और न कोई।।

(13) पार गया चाहै सब कोई।
रहि उर बार पार नहीं होई।।
पार कहैं उर बार सूं पारा। बिन पद परयै भ्रमहि गवारा।।
पार परम पद मंझि मुरारि। तामैं आप रमैं बनवारी।।
पूरन ब्रह्म बसै सब ठाई। कहै रैदास मिले सुख सांई।।

(14) किहि विधि अणसरूं रे, अति दुलभ दीनदयाल।
मैं महाविषई अधिक आतुर, कांमना की झाल।।
कह दूयंभ बाहरि कीचैं, हरि कनक कसौटी हार।
बाहरि भीतरि साखि तू, मैं कीयो सुसा अंधियार।।
कहा भयौ बहुत पाखंड कीयैं, हरि हिरदे सुपिनैं न जोन।
ज्यू दारा विमचारनीं, मुख पतिव्रता जीय आंन।।
मैं हिरदे हारि बैठों हरी, मो पैं सहुचौं न एको काज।
भाव भगति रैदास दे, प्रतिपल करौ मोहि आज।।

(15) ताथैं पतित नहीं को अपावन। हरि तजि आनंहि ध्यावै रे।
हम अपूजि पूजि भये हरि थैं, नांउं अनूपम गावै रे।।
अष्टादस ब्याकरन बखानै, तीति काल षट जीता रे।
प्रेम भगति अंतरगति नांही, ताथैं घानुक नीका रे।।
ताथैं भलो स्वांन कौ सत्रु, हरि चरनां चित लावै रे।
मूंवां मुकति बैकुंठां बासा, जीवत इहाँ जस पावै रे।।
हम अपराधी नीच घरि जनमे, कुटंब लोग करैं हासी रे।
कहै रैदास नाम जपि रसनीं, काटै जंम की पासी रे।।

(16) नहिं विश्रांम लहूँ घरनींघर।
जाकै सुर नर संत सरन अभिअंतर।।
जहाँ जहाँ गयौ, तहां जनम कौछ। तृविधि ताप तृ भुवनपति पाछै।।
भये अति छीन खेद माया बस। जस तिन ताप पर नगरि हतै तस।।
द्वारैं न दसा विकट विष कांरन। भूलि परयौ मन या विष्या वन।।
कहै रैदास सुमिरौ बड़ राजा। काटि दिये जन साहिब लाजा।।

(17) खांलिक सकिसता मैं तेरा।
दे दीदार उमेदगार बेकरार जीव मेरा।।
अवलि आख्यर इलल आदम मौज फरेस्ता बंदा।
जिसकी पनह पीर पैकंबर, मैं गरीब क्या गंदा।।
तू हाजिरां हजूर जोग एक, अवर नहीं दूजा।
जिसकै इसक आसरा नांहीं, क्या निवाज क्या पूजा।।
नाली दोज हनोज बेवखत, कमि खिजमतिगार तुमहारा।
दरमादा दरि ज्वाब न पावै, कहै रैदास बिचारा।।

(18) गोविंदे तुम्हारे से समाधि लागी।
उर भुअंग भस्म अंग संतत बैरागी।।
जाके तीन नैन अमृत बैन, सीस जटाधारी।
कोटि कलप ध्यान अलप, मदन अंतकारी।।
जाके लील बस अकल ब्रह्म, गले रूण्डमाला।
प्रेम मगन फिरता नगन, संग सखा बाला।।
ऊस महेश विकट भेस, अजहूँ दरस आसा।
कैसे राम मिलौं तोहि, गावै रैदासा।।

(19) हरि जपत तेऊ जना पदम कवलास पति वास समतुलि नहीं आन कोऊ।
एक ही एक अनेक होइ बिसथरिओ आन के आन भरपूरि सोऊ।।
जा कै भागवतु लेखी ऐ अवरू नहीं पेखी ऐ तास की जाति आछोप छीपा।
विआस महि लेखी ए सनक महि पेखी ए नाम की नामना सपत दीपा।।
जा कै ईदि बकरीदि कुल गऊ के वधु करहि मानी अहि सेख सहीद पीरा।
जा कै बाप वैसी करी पूत ऐसी सरी तिहू रे लोक परसिध कबीरा।।
जा के कुटंब के डेढ सम ढोर ढोवंत फिरहि अजहु बेनारसी आसा पासा।
आचार सहित विप्र करहि डंडउति तिन तनै रविदास दासानुदासा।।

(20) हरि कौ टांडौ लादे जाइ के।
मैं बनिजारौ कांम कौ।।
रांम नांम धंन पायौ, ताथैं सहजि करौं व्यौपार के।
औघट घाट घनो घनां रे, त्रिगुण बैल हमार।।
रांम नांम हम लादियौ, ताथैं विष लाद्यौ संसार के।
अनतहि धरती धन धर्‌यौ, अनतहि ढूंढ़न जाइ।।
अनत कौ धर्‌यौ न पाइयैं, ताथैं चाल्यौ मूल गँवाइ के।
रैनि गँवाई सोइ करि, द्यौस गँवायो खाय।।

हीरा यहु तन पाइ करि, कौड़ी बदलै जाइ के।।
साध संगति पूँजी भई के, बस्त लई त्रिमोल।
सहजि बलदवा लादि करि, चहुँ दिसि टाँडो मेल के।।
जैसा रंग कसूंमं का के, तैसा यहु संसार।
रमइया रंग मजीठ का, ताथैं भणैं रैदास विचार के।।

(21) कहि मन रांम नांम समांरि।
माया कै भ्रमि कहा भूलौ, जांहिगौ कर झारि।।
देख घूँ इहाँ कौन तेरौ, सगा सुत नहीं नारि।
तोरि तंग सब दूरि करि हैं, दैहिंगे तन जारि।।
प्राण गयैं कहु कौंन तेरौ, देख सोचि विचारि।
बहुरि इहि कल काल मांहि, जीति भावै हारि।।
यहु माया सब थोथरी, भगति दिसि प्रतिपारि।
कहि रैदास सत बचन गुर के, सी जीय थैं न बिसारि।।

(22) दरसन दीजै राम दरसन दीजै।
दरसन दीजै हो विलंब न कीजै।।
दरसन तोरा जीवनि मोरा। बिन दरसन का जीवै हो चकोरा।।
माधौ सतगुर सब जग चेला। इब कै बिछुरै मिलन दुहेला।।
तन धन जोबन झूठी आसा। सति सति भाखै जन रैदासा।।

(23) प्रीति सधारन आव।
तेज सरूपी सकल सिरोमनि, अकल निरंजन राव।।
पीव संगि प्रेम कबहू नहीं पायौ, कारनि कौंण बिसारी।
चक को ध्यान दधिसुत कौं होत है, त्यूँ तुम्ह थैं मैं न्यारी।।
भोर भयौ मोहिं इकटग जोवत, तलपत रजनी जाइ।
पिय बिन सेज क्यूँ सुख सोऊँ, बिरह विथा तनि माइ।।
दुहागनि सुहागनि कीजै, अपनैं अंग लगाइ।
कहै रैदास प्रभु तुम्हरै बिछोहै, येक पल जुग भरि जाइ।।

(24) हरि हरि हरि न जपसि रचना।
अवर सम छाड़ि वचन रचना।।
सुख सागर सुरितरू चिंतामनि कामधैन बसि जाके के।
चारि पदारथ असट महा सिधि नव निधि करतल ताकै।।
नाना खिआन पुरान वेद विधि चउतीस अछर माही।

बिआस बीचारि कहिओ परमारथु राम नाम सरि नाही।।
सहज समाधि उपाधि रहत होइ उड़े भागि लिव लागी।
कहि रविदास उदास दास मतित जनम मरन मै भागी।।

(25) जग मैं वेद वैद मांनी जैं
इनमैं और अंगद कछु औरे, कहौ कबन परिकीजै।।
भौ जल व्याधि असाधिअ प्रबल अति, परम पंथ न गही जै।
पढ़ैं गुनैं कछू समझि न परई, अनभै पद न लही जै।।
चखि बिहूंन कतार चलत हैं, तिनहूँ अंस भुज दीजै।
कहै रैदास बमेक तत बिन, सब मिलि नरक परी जै।।

(26) सब कछु करत न कहु कछु कैसें।
गुन विधि बहुत रहत ससि जैसें।।
द्रपन गगन अनींल अलेप अस। गंध जलध प्रतिब्यंव देखि तस।।
सब आरंभ अकांम अनेहा। विधि नषेध कीयौ अनके हा।।
इहि पद कहत सुनत नहीं आवै। कहै रैदास सुकृत को पावै।।

(27) पांवन जस माधो तोरा।
तुम्ह दारन अध मोचन मोरा।।
कीरति तेरी पाप विनासै, लोक वेद यूँ गावै।
जो हम पाप करत नहीं भूधर, तौ तू कहा नसावै।।
जब लग अंग पंक नहीं परसै, तौ जल कहा पखालै।
मन मलीन विषिया रंस लंपट, तौ हरि नांउ संभालै।।
जौ हम विमल हिरदै चित अंतरि, दोस कवन परि धरि हौ।
कहै रैदास प्रभु तुम्ह दयाल हौ, अबंध मुकति कब करि हौ।।

(28) ऐसे जानि जपो रे जीव।
जीप ल्यो राम न भरमो जीव।।
गनिका थी किस करमा जोग, परपूरष सो रमती भोग।
निसि बासर दुस्करम कमाई, राम कहत बैकुंठ जाई।।
नामदेव कहिए जाति कै ओछ, जाको जस गावै लोक।
भगति हेत भगता के चले, अंकमाल ले बीठल मिले।।
कोटि जग्य जो कोई करै, राम नाम सम तउ न निस्तरै।
निरगुन का गुन देखो आई, देही सहित कबीर सिधाई।।

मोर कुचिल जाति कुचिल में बास, भगति हेतु हरिचरन निवास।
चारिउ बेद किया खंडौति, जन रैदास करै डंडौति।।

(29) नरहरि चंचल मति मोरी।
कैसें भगति कहौं राम तोरी।।
तू मोहि देखै हूँ तोहि देखौं, प्रीति परस्पर होई।
तू मोहि देखै हौं तोहि न देखौं, इहि मति सब बुधि खोई।।
सब घट अंतरि रमसि निरंतरि, मैं देखत ही नहीं जांनां।
गुन सब तोर मोर सब औगुन, क्रित, उपगार न मांनां।।
मैं तैं तोरि मोरी असमझ सों, केसे करि निस्तारा।
कहै रैदास कृश्न करूणा मैं, जै जै जगत अधारा।।

(30) बिनु देखे उपजै नहीं आस। जो दीसै सो होइ विनास।
बरन सहित जो जापै नामु। सो जोगी केवल निहकामु।।
परचै रामु रवै जउ कोई पारस परसै दुविधा न होई।।
सो मुनि मन की दुविधा खाइ। बिन दुआरे त्रैलोक समाइ।।
मन का सुभाउ सभु कोई करै, करता होइ सु अनमै रहै।।
फल कारन फूली बनराह। फल लागा तब फूलु विलाइ।
गिआनै कारन करम अभिआसु। गिआनु भइया तह करमह नासु।।
घ्रित कारन दधि मथै सइआन। जीवन मुकत सदा निरवान।
कहि रविदास परम बैराग। रिदै रामु की न जपसि अभाग।।

(31) राम जन हूँ उन भगत कहाऊँ, सेवा करौं न दासा।
गुनी लोग जग्य कछू न जांवूं, ताथैं रहूं उदासा।।
भगत हूँ वां तौ चढ़ै बड़ाई। जोग करौं जग मानैं।
गुणी हूँ वांथैं गुणी जन कहैं, गुणी आप कूँ जानैं।।
ना मैं ममिता मोह न महियाँ, ए सब जांहि विलाई।
दोजग भिस्त दोऊ समि करि जांनूँ, दह्यु वा थैं नरक है भाई।।
मैं तैं ममिता देखि सकल जग, मैं तैं मूल गँवाई।
जब मन ममिता एक एक मन, तब हीं एक है भाई।।
कृश्न करीम रांम हरि राधौ, जब लग एक एक नहीं पेख्या।
बद कतेब पुरांन पुराननि, सहजि एक नहीं देख्या।।

जोई जोई करि पूजिये, सोई सोई काची, सहजि भाव सति होई।
कहै रैदास मैं ताही कूँ पूजौं, जाकै गाँव न ठाँव न नांम नहीं कोई।।

(32) अब मैं हार्यौ के भाई।
थकित भयो सब हाल–चाल थैं, लोग न वेद बड़ाई।।
धीमन भयौ गाइण अरू नायण, थाकी सेवा पूजा।
काम क्रोध थैं देह थकित भई, कहूँ कहाँ लूँ दूजा।।
रांम जन होऊ न भगत कहाऊँ, चरन पखालूँ न देवा।
जोई–जोई करौ उलटि मोहि वाधै, ताथैं निकरि न मेवा।।
पहली ग्यांन का कीया चांदिणां, पीछैं दीया बुझाई।
सुनि सहज मैं दोऊ त्यागे, राम कहूँ न खुदाई।।
दूरि बसै षट क्रम सकल अरू, दूरिव कीन्हे सेऊ।
ग्यान ध्यान दोऊँ दूरि कीन्हे, दूरिव छाड़े तेऊ।।
पंचू थकित मये जहाँ–तहाँ, जहाँ–तहाँ थिति पाई।
जा करति मैं दौरयो फिरतौ, सो अब घर मैं पाई।।
पंचू मेरी सखी सहेली, तिनि निधि दई दिखाई।।
अब मन फूलि भयौ जग महियां, उलटि आप मैं समाई।
चलत चलत मेरौ निज मन थाक्यौ, अब मोंपै चल्यौ न जाइ।।
सांई सहजि मिल्यौ सोई सनमुख, कहै रैदास बताई।

(33) गाइ गाइ अन का कहि गाऊँ।
गांवणहारा कौ निकटि बताऊँ।।
जब लग है या तन की आसा, तब लग करै पुकारा।
जब मन मिट्यौ आसा नहीं तन की, तब को गांवणहारा।।
जब लग नदी न संमदि समावै, तब लग बढ़ै अहंकारा।
जब मन मिल्यौ रांम सागर, तब यहु मिटी पुकारा।।
जब लग भगति मुकति की आसा, परम तत सुणि गावै।
जहाँ जहाँ आस घरत है यहु मन, तहाँ तहाँ कछु न पावै।।
छाड़ै आस निरास परंमपद, तब सुख सति करि होई।
कहै रैदास जाँसू और कहत हैं, परम तत्त अब सोई।।

(34) तेरा जन कहो को बोलैं।
बोलि बोलि अपनीं भगति क्यों खोलै।।

बोल बोलतां बढ़ै वियाधि, बोल अबोलैं जाई।
बोलै बोल अबोल को पकरैं, बोल बोलै कूं खाई।।
बोलै बोल मांनि परि बोलैं, बोलै वेद बड़ाई।
उर में धरि धरि जब ही बोलै, तब ही मूल गँवाई।।
बोलि बोलि औरहि समझावै, तब लग समझि नहीं रे भाई।
बोलि बोलि समझि जन बूझि, काल सहित सब खाई।।
बोलै गुर अरू बोलै चेला, बोल्या बोल की परमिति जाई।
कहै रैदास थकित भयौ जब, तब ही परमनिधि पाई।।

(35) त्यूँ तुम्ह कारनि, केसवे, अंतरि ल्यौ लागी।
एक अनूपम अनमई, किम होइ विभागी।।
इक अभिमानी चातृगा, विचरत जग माहीं।
जदपि जल पूरण मही, कहूँ वाँ रूचि नांहीं।।
जैसे कांमी देखे कांमिनीं, हिरदै सूल उपाई।
कोटि बंद विधि उचरैं, बाकी विथा न जाई।।
जो जिहि चाहे सो मिलै, आरत्म गत होई।
कहै रैदास यहु गोपि नहीं, जानैं सब कोई।।

(36) अब मोही बूड़ी रे माई।
ता थैं चढ़ी लोग बड़ाई।।
अति अहंकार ऊर मां सत रज तामैं रह्यौ उरझाई।
करम बलि बसि पर्‌यौ कछु न सूझै, स्वांमी नाऊं भुलाई।।
हम मांनूं गुंनी जोग सुनि जुगता, हम महा पुरिष रे भाई।
हम मांनूं सूर सकल विधि त्यागी, ममिता नहीं मिटाई।।
मांनूं अखिल सुनि मन सोध्यौ, सब चेतति सुध पाई।
ग्यांन ध्यांन सब ही हंम जांन्यूं, बूझैं कौन सूं जाई।।
हम मांनूं प्रेम प्रेम रस जांन्यू, नौ विधि भगति कराई।
स्वांग देखि सब ही जग लटक्यौ, फिरि आपन पौर बधाई।।
स्वांग पहरि हम साय न जांन्यू, लोकनि इहै भरमाई।
स्यंध रूप देखि पहराई, बोलि तब सुधि पाई।।
जैसी भगति हमारी संतौ, प्रभुता इहै बड़ाई।
आपन अनित और नहीं मांनत, ताथैं मूल गंवाइ।।
मणैं रैदास उदास ताही थैं, इव कछू मोपैं कही न जाई।
आपौ खोयां भगति होत है, तब रहै अंतरि उरझाई।।

(37) ऐसे कछु अनमै कहत न आवै।
साहिब मेरौ मिलै तौ को बिगरावै।।
सब मैं हरि हरि मैं सब हैं, हरि आपनपौ जिनि जानां।
अपनी आप साखि नहीं दूसर, जानंनहार समांना।।
बाजीगर सूँ रहनि रही जै, बाजी का भरम इव जांनां।
बाजी झूठ साच बाजीगर, जानां मन पतियानां।।
मन थिर होइ तौ कांइ न सूझै, जांनै जांनन हारा।
कहै रैदास विमल बसेक सुख, सहज सरूप संभारा।।

(38) आयौ हो आयौ देव तुम्ह सरनां।
जांनि क्रिपा कीजै अपनैं जनां।।
त्रिविधि जोनी वास, जम की अगम त्रास, तुम्हरे भजन बिन भ्रमत् फिर्‌यौ।
ममिता अहं विषै मदि मातौ, इहि सुखि कबहूँ न दूभर तिर्‌यौं।
तुम्हारे नांइ बेसास, छाड़ि है आंन की आस, संसारो धरम मेरौ मन न धीजै।
रैदास दास की सेवा मांनि हो देवाधि देवा, पतितपांवन, नांउ प्रकट कीजै।।

(39) तब रांम रांम कहि गावेगा।
श्रंकार रहित सवहिन थैं, अंतरि मेल मिलावेगा।
लोहा सम करि कंचन सम करि, भदे अभेद समावेगा।।
जो सुख कै पारस के परसें, सो सुख का कहि गावैगा।
गुर प्रसादि मई अनमै मति, विष अमृत समि घावैगा।
कहै रैदास मेटि आपा पर, तब वा ठौरहि पावेगा।।

(40) राम बिन संसै गाँठि न छूटै।
कांम क्रोध मोह मद माया, इन पंचन मिलि लूटै।।
हम बड़ कवि कुलीन हम पंडित, हम जोगी संन्यासी।
ग्यांनी गुनीं सूर हम दाता, यहु मति कदे न नासी।।
पढ़ें गुनें कछू संमझि न परई, जौ लौ अनभै भाव न दरसै।
लोहा हरन होइ घूं कैसें, जो पारस नहीं परसै।।
कहै रैदास और असमझसि, भूलि परै भ्रम भोरै।
एक अधार नांम नरहरि कौ, जीवनि प्रांन धन मोरै।।

(41) है सब आतम सोचं परकास सोयं परकास साँचो।
निरंतरि निराहार कलपित ये पांचौ।।
आदि मध्य औसान, येक रस तारतंब नहीं भाई।

थावर जंगम कीट पतंगा, पूरि रहे हरिराई।।
सरबेसुर श्रवपति सब गति, करता हरता सोई।
सिव न असिव न साध अरू सेवक, उमै नहीं होई।।
ध्रम अध्रम मोच्छ नहीं बंधन, जुरा मरण भव नासा।
दृष्टि अदृष्टि गेय अरू ज्ञाता, येकमेक रैदासा।।

(42) त्यूँ तुम्ह कारण केसवे, लालचि जीव लागा।
निकटि नाथ प्रापति नहीं, मन मंद अभागा।
साइर सलिल सरोदिका, ज थल असिकाई।
स्वांति बूँद की आस है, पीव प्यास न जाई।।
जो रस नेही चाहिए, चितवत हूँ दूरी।
पंगल फल न पहूँचई, कछू साध न पूरी।।
कहै रैदास अकथ कथा, उपनषद सुनी जै।
जस तूँ तस तूँ तस तूँ हीं, कस ओपम दीजै।।

(43) रामा हो जगजीवन मोरा।
तू न बिसारी रांम मैं जन तोरा।।
संकुट सोच पोच दिन राती करम कठिन मेरी जाति कुमाति।
हरहु विपति भावै करहु कुभाव, चरन न छाँडू जाइ सु नाव।
कहै रैदास कछु देऊ अवलंबन, वेगि मिलौ जनि करहु विलंबन।।

(44) भाई के रांम कहा है मोहि बतावो।
सति रांम ताकै निकटि न आवो।।
राम कहत जगत भुलाना, सो चहु राम न होई।
करंम अकंरम करूणां मैं केसौ, करता नांउ सु कोई।।
जा रामहि सब जग जाणैं, भ्रमि भूलि रे भाई।
आप आप थैं कोई न जांणैं, कहैं कौन सूं जाई।।
सति तन लोभ परसि जीय तन मन, गुण परस नहीं जाई।
अखिल नांऊ जाकौ ठौर न कतहूँ, क्यूँ न कहै समझाई।।
भयौ रैदास उदास ताही थैं, करता को है भाई।
केवल करता एक सही करि, सति रांम तिहि ठांई।।

(45) अखि लखि लै नहिं का कहि पंडित, कोई न कहै समझाई।
अवरन वान रूप नहीं जाकै, सु कहाँ ल्यौ लाइ समाइ।।

चंद सूर नहीं राति दिवस नहीं, धरति अकास न भाई।
करम अकरम नहीं सुभ असुभ नहीं, का काहि देहु बड़ाई।।
सीता बाइ उसन नहीं सरवत, कांम कुटिल नहीं होई।
जोग न भोग रोग नहीं जाकै, कहौ नांव सति सोई।।
निरंजन निराकार निरलेपहि निरविकार निरासी।
काम कुटिल नाही कहि गावत, हर हर आवै हासी।।
गगन घूर घूसर नहीं जाकै पवन पूर नहीं पानी।
गुन विगुन कहियत नहीं जाकै, कहो तुम्ह बात सयानी।।
याही सूँ तुम्ह जोग कहत हौ, जब लग आस की पासी।
छूटै तब हीं जब मिलै एक ही भणै रैदास उदासी।।

(46) ऐसी भगति न होई के भाई।
रांम नांम बिन जे कुछ करिये, सो सब भरम कहाई।।
भगति न रस दांन, भगति न कथै ग्यांन,
भगत न बन मैं गुफा खुँदाई।
भगति न ऐसी हसि, भगति न आसा पासि,
भगति न यहु सब कुल कानि गँवाई।।
भगति न निद्रा साधें, भगति न जोग साधें,
भगति न अहार घटायें, ए सब क्रम कहाई।
भगति न इंद्री बाधें, भगति न बैराग साधें,
भगति नहीं यहु सब वेद बड़ाई।।
भगति न मूंड मुड़ाये, भगति न माला दिखायें,
भगत न चरन घुवायें, ए सब गुनी जन कहाई।
भगति न तौं लौं जांनीं, जौं लौं आप कूँ आप बखांनीं,
जोई जोई करै सोई क्रम चढ़ाई।।
आपौ गयौ तब भगति पाई, ऐसी है भगति भाई,
राम मिल्यौ आपौ गुण खोयौ, रिधि सिधि सवै जु गँवाई।
कहै रैदास छूटी ले आसा पास, तब हरि ताही के पास,
आतमां स्थिर तब सब निधि पाई।।

(47) संतौ अनिन भगति यहु नांहीं
जग लग सत रज तम पांयूँ गुण ब्यापत है या मांहीं
सोई आंन अंतर करै हरि सूँ, अपमारग कूँ आनैं
कांम क्रोध मद लोभ मोह की, पल पल पूजा ठांनै।

सति सनेह इष्ट अंगि लावै, अस्थलि अस्थलि खेलै।
जो कुछ मिलै आंनि अखित ज्यूं, सुत दारा सिरि मेलै।।
हरिजन हरि बिन और न जांनै, तजै आंन तन त्यागी।
कहै रैदास सोई जन न्रिमल, निसिदिन जो अनुरागी।।

(48) नरहरि प्रगटसि नां हो प्रगटसि नां।
दीनानाथ दयाल नरहरि।।
जन मैं तोही थैं बिगरां न अहो, कछु बूझत हूँ रसयांन।
परिवार विमुख मोहि लाग, कछू समझि परत नहीं जाग।।
हम मंमदेस कलिकाल, अहो मैं आइ पर्‌यौ जंम जाल।
कवहूँक तोर भरोस, जो में न कहूँ तो मोर दास।।
अस कहियत तेऊ न जांन, अहो प्रभू तुम्ह श्रवंगि सयांन।
सुत सेवक सदा असोच, ठाकुर पितहि सब सोच।।
रैदास विनवैं कर जोरि, अहो स्वांमीं तोहि नांहि न खोरि।
सु तौ अपूरबला अक्रम मोर, बलि बलि जांऊ करौ जिनि और।।

(49) अब कुछ मरम विचारा हो हरि।
आदि अंति औसांण राम बिन, कोई न करै निखारा हो हरि।।
जल मैं पंक पंक अमृत जल, जलहि सुधा कै जैसें।
जैसें करमि धरमि जीव बांध्यौ, छूटै तुम्ह बिन कैसें हो हरि।।
जप तप विधि निषेद करूणांमैं, पाप पुनि दोऊ माया।
अस मो हित मन गति विमुख धन, जनमि जनमि डहकाया हो हरि।।
ताड़ण, छेदण, त्रायण, खेदण, बहु विधि करि ले उपाई।
लूंण खड़ी संजोग बिनां, जैं कनक कलंक न जाई।।
भणैं रैदास कठिन कलि केवल, कहा उपाइ अब कीजै।
भौ बूड़त भैभीत भगत जन क्रर अवलंबन दीजै।।

(50) सेई मन संमझि समरंथ सरनांगता।
जाकी आदि अंति मधि कोई न पावै।।
कोटि कारिज सरै, देह गुंन सच जरैं नैंक जौ नाम पतिव्रत आवै।
आकार की वोट आकार नहीं उबरै, स्यो विरंच अरू विसन तांई।।
जास का सेवग तास कौं पाई है, ईस कौ छांड़ि आगै न जाही।
गुणंमई मूंरति सोई सब भेख मिलि, निग्रुण निज ठौर विश्रांम नांही।।
अनेक जूग बंदिगी विविध प्रकार करि, अंति गुंण सेई गुंण मैं समांही।
पाँच तत तीनि गुण जूगति करि करि सांइया, आस बिन होत नहीं करम काया।।

पाप पूंनि बीज, अंकूर जांमै मरे, उपजि विनसै तिती श्रव माया।
क्रितम करता कहैं, परम पद क्यूँ बहैं, भूलि भ्रम मैं पर्यौ लोक सारा।।
कहै रैदास जे रांम रमिता भजै, कोई ऐक जन गए उतरि पारा।

(51) गौब्वंदे मौ जल ब्याधि अपारा।
तामैं कछू सूझत वार न पारा।।
अगम ग्रेह दूर दूरंतर, बोलि भरोस न देहू।
तेरी भगति परोहन, संत अरोहन, मोहि चढ़ाइ न लेहू।।
लोह की नाव पखांनि बोझा, सुकृत भाव बिहूंनां।
लोभ तरंग मोह भयौ पाला, मीन भयौ मन लीना।।
दीनानाथ सुलहु बीनती, कौंने हेतु विलंबे।
रैदास दास संत चंदन, मोहि अब अविलंबन दीजै।।

(52) कहा सूते मुगध नर काल के मंझि मुख।
तजि अव सति राम च्यंतत अनेक सुख।।
असहज धीरज लोप, कृश्न उघरन, कोप, मदन भवंग नहीं मंत्र जंत्रा।
विषम पावक झाल, ताहि वार न पार, लोभ की श्रपनीं ग्यानं हंता
विषम सांसर मौ लहरि व्याकुल तवै, मोह गुण विषै सब बंध भूता।
टेरि गुर गाइड़ी मंत्र श्रवण दीयौ, जागि रे रांम कहि कांइ सूता
सकल सुमृति पिती, संत मिति कहैं निती, पाइ नहीं पनंग मति परम बेला
ब्रह्म रिषि नारदा स्यंम सनिकादिका, राम रमि रमत गये परितेता।
जजति जाप निजाप रटणि तीर्थ दांन, वोखदी रसिक गदनूल देता।
नाग दवणि जरजरी, रांम सुमिरन बरी, भणत रैदास चेतनि चेता।।

(53) भगति अैसी सुनहु के भाई।
आई भगति तब गई बड़ाई।।
कहा भयौ नाचैं अरू गायैं, कहौ अर्थो तप कीन्हैं।
कहा भयौ जै चरून पखालै, जो परम तत नहीं चीन्हैं।
कहा भयौ जू मूँड मुंड़ायौ, बहुत तीरथ व्रत कीन्हैं।
स्वामीं दास भगत अरू सेवग, जो परंम तत नहीं चीन्हैं
कहै रैदास तेरी भगति दूरि है, भाग बड़े सो पावे।
तजि अभिमान मेटि आपा पर, पिपलक होइ चुणि खावै।।

(54) राम गुसईआ जीअ के जीवना
मोहि न बिसारहु मैं जनु तेरा

मेरी संगति पोच सोच दिनु राती। मेरा करमु कुटिलता जनमु कुअंति।।
मेरी हरहु विपति जन करदु सुभाई। चरण न छाड़उ सरीर कल जाई।।
कहु रविदास परउ तेरी साभा। वेगि मिलहु जन करि न विलंबा।

(55) कोई सुभार न देखौं, ए सब अपिली चोभा।
जाकौं जेता प्रकासै, ताकौं तेती ही सोभा।
हम ही पै सीखि, हम ही सूँ मांडै।
थोरै ही इतराइ चालै, पातिसाही छाड़ै।।
अति हीं आतुर वहै, काया हीं तोरै।
कुंडै जलि ऐसै, व दींयां डरै खोरै।।
थोरैं थोरैं मुसियत, परायौ घंनां।
कहै रैदास सुनौं, संत जनां।।

(56) या रमां एक तूं दांनां, तेरा आदू बैसनो।
तू सुलितांन सुलितांना बंदा सकिसंता रजांनां।।
मैं बेदियांनत बदनजर दे, गोस गैर गुफतार।
बेअदब बदबख्त बीरां, बेअकलि बदकार।।
मैं गुनहगार गुमराह गाफिल, कंम दिला करतार।
तूं दयाल ददि हद दांवन, मैं हिरसिया हुसियार।।
यहु तन हस्त खराब, खातिर अंदेसा निसियार।
रैदास दास असांन, साहिब देहु अब दीदार।।

(57) पहले पहरै रैंणि दै बणजारिया, तै जनम लीया सांसर वे।।
सेवा चुका रांम की बणजारिया, तेरी बालक बुधि गँवार वे।।
बालक बुधि गँवार न चेत्या, भुलां माया जालु वे।।
कहा होइ पीछैं पछतायैं, जल पहली न बँधी पाल वे।।
बीस बरस का भया मयांनां, थंमि न सक्या भार वे।।
जन रैदास कहे बनिजारा, लैं जनम लया संसार वै।।

दूजै पहरै रैंणि दै बनजारिया, तूँ निरखत चल्यां छाँव वे।।
हरि न दामोदर ध्याइया बनजारिया, तैं लइ न सक्या नांव वे।।
नांउं न लीया औगुन कीया, इस जोवन दै तांण वे।।
अपनीं पराई गिणी न काई, मंदे कम कमांण वे।।
साहिब लेखा लेखि तूँ भरि देसि, भीड़ पड़ै तुझ ताँव वे।।
जन रैदास कहै बनजारा, तू निरखत चल्यां छांव वे।।

तीजै पहरै रैंणि दै बनजारिया, तेरे ढ़िलड़े पड़े परांण वे।।
काया रवंनी क्या करै बनजारिया, घट भीतरि बसै कुजांण वे।।
इक बसै कुजांण काया गढ़ भीतरि, अहलां जनम गंवाया वे।।
अब की बेर न सुकृत कीता, बहुरि न न यहु गढ़ पाया वे।।
कंपी देह काया गढ़ खीनां, फिरि लगा पछितांणवे।।
जन रैदास कहै बनिजारा, तेरे ढ़िलड़े पड़े परांण वे।।

चौथे पहरे रैंणि दै बनजारिया, तेही कंपण लगी देह वे।।
साहिब लेखा मंगिया बनजारिया, तू छड़ि पुरांणां थेह वे।।
छड़ि पुरांणां ज्यंद अयांणां बालदि हाकि सवेरिया।।
जम के आये बंधि चलाये, बारी पुगी तेरिया।।
पंथि चलै अकेला होइ दुहेला, किस कूं देई सनेह वे।।
जन रैदास कहै बनिजारा, तेरी कंपण लगी देह वे।।

(58) सगल भव के नाइका।
इकु छिनु दरस दिकाई जी।।
कूप भरिओ जैसे दादिरा, कछु देसु–विदेसु न बूझ।
ऐसे मेरा मन बिखिआ विमोहिआ, कछु आरा पारू न सूझ।।
मलिन भई मति माधवा, तेरी गति लखी न जाइ।
करहु क्रिपा भ्रमु चूकई, मैं सुमति देहु समझाइ।।
जोगीसर पानहि नहीं, तुअ गुण कथन अपार।
प्रेम भगति कै कारणै, कहु रविदास चमार।।

(59) भाई रे सहज वन्दो लोई, विन सहज सिरि न होई।
लौ लीन मन जो जानिये, तब कीट मृंगी होई।।
आपा पर चीन्हें नहीं रे, और को उपदेस।
कहाँ ते तुम आयो के भाई, जाहुगे किस देस।।
कहिये तो कहिये काहि करिये, कहाँ कौन पतियाइ।
रैदास दास अजान छै करि, रह्यो सहज समाइ।।

(60) मरम कैसें पाइवौ रे।
पंडित कोई न कहै समझाइ, जाथैं मरौ आवागवन विलाइ।।
बहु विधि धरम निरूपिये, करता दीसै सब लोई।
जाहि धरम भ्रम छूटिये, ताहि न चीन्हैं कोई।।

अकुम क्रम विचारिये, सुण संक्या वेद पुरांन।
वाके हृदै मैं भ्रम, हरि बिन कौन हरे अभिमांन।।
सतजुग सत त्रेता तप, द्वापरि पूजा आचार।
तीन्यूं जुग तीन्यूं दिढी, कलि केवल नांव अधार।।
बाहरि अंग पखालिय, घट भीतरि विवधि विकार।
सूचि कवन परिहोइये, कुंजर गति ब्यौहार।।
रवि प्रकास रजनी जथा, गत दीसै संसार पारस मनि तांवौ छिवै।
कनक होत नहीं बार, धन जोवन प्रभु नां मिलै।।
ना मिलै कुल करनी आचार।
एकै अनेक विगाहया, ताकौं जाणैं सब संसार।।
अनेक जतन करि टारिये, टारी टरै न भ्रम पास।
प्रेम भगति नही उपजै, ताथैं रैदास उदास।।

(61) मो सउ कोऊ न कहै समझाइ।
जाते आवागवनु विलाइ।।
सतजुगि सतु तेता जगी दुआपारि पूजाचार।
तीनौ जुग तीनौ दिड़े कलि केवल नाम अधार, पार कैसे पाइबो रे।।
बहु विधि धरम निरूपीऐ करता दीसै सम लोइ।
कवन करम ते छूटी ऐ जिह साधे सम सिधि होइ।।
करम अकरम बीचारी ए संका सुनि वेद पुरान।
संसा सद हिरदै बसै कउनु हिरै अभिमानु।।
बाहरू उदकि पखारीऐ घट भीतरि विविध विकार।
सुध कवन पर होइबो सुख कुंजर विधि विउहार।।
रवि प्रगास रजनी जथा गति जानत सम संसार।
पारस मानो ताको छुए कनक होत नहीं बार।।
परस परम गुरु भेटीए पूरव लिखत लिलाट।
उनमन मन मन ही मिले घुटकत वजर कपाट।।
भगत जुगति मति सति करी, भ्रम बंधन काटि विकार।
सोई बसि रसि मन मिले गुन निरगुन एक विचार।।
अनिक जतन विग्रह कीए टारी न टरै भ्रम फास।
प्रेम भगति नहीं उपजै, ता ते रविदास उदास।।

(62) हरि हरि हरि हरि हरि हरि हरे।
हरि सिमरत जन गए निसतरि तरे।।
हरि के नाम कबीर उजागर। जनम जनम के काटे कागर।।

निमत नामेदऊ दूधु पीआइया। तऊ जग जनम संकट नहीं आइआ।।
जनम रविदास राम रंगि राता, दूउ गुर परसादि नरक नहीं जाता।।

(63) संत यी संगति संत कथा रसु।
संत प्रेम माझै दीजै देवा देव।।
संत तुझी तनु संगति प्रान। सतिगुर निआन जानै संत देवा देव।
संत आचरण संत यो मारगु। संत य ओल्हग ओल्हगणी।।
अउर इक मागउ भगति चिंतामणि। जणी लखावहु असंत पापी सणि।
रविदास भणै जो जाणै सो जाणु। संत अनंतहि अंतरू नाही।।

(64) बंदे जानि साहिब गनीं।
संमझि वेद कतेब बोलै, ख्वाब क्या मैं मनीं।।
ज्वांनीं दुनी जमाल सूरति, देखिये थिर नांहि वे।
दम छसै सहस्र इक्कीस हरि दिन, खजानै थैं जांहि वे।
मतीं मारे ग्रब गाफिल, बेमिहर बेपीर वे।
दरी खानैं पड़ै चोभा, होत नहीं तकसीर वे।।
कुछ गाँठि खरची मिहर तोसा, खैर खूवी हाथि वे।
घणीं का फुरमांन आया, तब कीया चालै साथ वे।।
तजि बद जबां बेनजरि कम दिल, कटि खसकी कांणि वे।
रैदास की अरदास सुणि, कछू हक-हलाल पिछांणि वे।।

(65) केसवे विकट माया तोर।
ताथैं विकल गति मति मोर।।
सु विष उसन कराल अहि मुख, ग्रसित सुठल सु भेख।
निरखि माखी वकै व्याकुल, लोभ काल न देख।।
इंद्रीयादिक दुख दारून, असंख्यादिक पाप।
तोहि भजत रघुनाथ अंतरि, ताहि त्रास न ताप।।
प्रतंग्या प्रतिपाल चहुँ जुगि, भगति पुरवन कांम।
आस तोर भरोस है, रैदास जै जै राम।।

(66) सु कछु विचार्यौ ताथैं मेरौ मिन थिर कै रह्यौ।
हरि रंग लागौ ताथैं बरन पलट भयो।।
जिनि यहु पंथी पंथ चलावा,अगम गवन मैं गभि दिखलावा।
अबरन बरन कथैं जिनि कोई, घटि घटि व्यापि रह्यौ हरि सोई।।
जिहि पद सुर नर प्रेम पियासा, सो पद्म रमि रह्यौ जन रैदासा।।

(67) बरजि हो बरजि बीठल, माया जग खाया।
महा प्रबल सब ही बसि कीये, सुह नर मुनि भरमाया।।
बालक विरधि तरून अति सुंदरि, नानां मेष बनावै।
जोगी जती तपी संन्यासी, पंडित रहण न पावै।।
बाजीगर की बाजी कारनि, सब हों कौतिग आवै।
जो देखै सो भूलि रहै, वाका चेला मरम जु पावै।।
खंड ब्रह्मंड लोक सब जीते, ये ही विधि तेज जनावै।
एवंयू कौ चित्त चोरि लीयौ है, वा कै पीछै लागा धावे।।
इन बातनि सुकयति मरियत है, सबको कहै तुम्हारी।
नैन अटकि किनि राखौ कैसो, मेरहु विपति हमारी।।
कहे रैदास उदास भयो मन, भाजि कहाँ अब जइये।
इत उत तुम्हँ गौब्वंद गुंसाईं, तुम्हँ ही मांहि समझयै।।

(68) देहु कलाली एक पियाला।
अैसा अवधू है मतिवाला।।
ए रे कलाली, तै क्या किया। सिरकै सा तै प्याला दीया।।
कहै कलाली प्याला देहूँ। पीवनहारे का सिर लेऊँ।।
चंद सूर दोऊ सनमुख होई। जीवै पियाला मरै न कोई ।।
सहज सुनि मैं भाठी सरवै। जीवै रैदास गुर मुहिब दरवै।।

(69) तुझहि चरन अरविंद मँवर मनु।
पान करत पाइओ, पाइओ रामईआ धनु।।
कहा भइओ जउ तनु भइओ छिनु छिनु। प्रेम जाइ तउ उरपै तेरो जनु।
संपति विपति परल माइआ धनु। ना महि भगत होत न तेरो जनु।।
प्रेम की जेवरी बाधिओ तेरो जन। कहि रविदास छुटिवो कवन गुंजै।।

(70) भाई रे सहज वंदो लोई, विन सहज सिद्धि न होई ।
लौ लीन मन जो जानिये, तन कीट मृंगी होई ।।
आपा पर चीन्हे नहीं रे, औरन को उपदेस ।
कहाँ ते तुम आयो रे भाई, जाहुगे कित देस ।।
कहिये तो कहिये काहि कहिये, कहाँ कौन पतियाइ ।
रैदास दास अजान हू कहि, रहुयो सहज समाइ ।।

(71) जिनि थोथरा पिछौरे कोई ।
जो क पिछौरे जिहिं कण होई ।।

झूठ रे यहु तन झूठी माया। झूठा हरि बिन जन्म गंवाया ।।
झूठा रे मंदिर भोग विलासा। कहि समझावै जन रैदासा ।।

(72) माया मोहिला कान्ह ।
मैं जन सेवग तोरा ।।
संसार परपंच मैं व्याकुल परंमानंदा।
त्राहि त्राहि अनाथ नाथ गोब्वंदा ।।
रैदास विनवैं कर जोटी ।
अविगत नाथ कवन गति मोरी ।।

(73) तू कांह गरवहि वानली ।
जैसे भादउ खूंब राजु तू निस ते खरी उतावली ।।
तुझहि सुसंता कधू नाहीं। पहिरावा देखे अयि जाहि ।
गरबवति का नही ठाऊ । तेही गरदिन ऊपरि लवै काउ ।।
जैसे कुंटक नहीं पाइओ भेदु । तनि सुगंध ढूंढै प्रदेसु ।
अप तन का जो करे वीचारू । तिसु नहीं जम कंकरू करे खुआरू।।
पुत्र कलत्र का करहि अहंकारू। ठाकुर लेखा मगनहारू।
फेड़े का दुखु सहै जीउ। पाछे किसहि पुकारहि पीउ-पीउ।।
साधू की जउ लेहि ओट। तेरे मिटहि पाप सभ कोटि-कोटि।
कहि रविदास जो जपै नामु, तिस जानु न जनमु न जोनि कामु।।

(74) जन कूँ तारि तारि तारि बाप रमइया।
कठन फंध पर्‌यौ पंच जमइया।।
तुम बिन देव सकल मुनि ढुंढै। कहूँन पायौ जम पानि छुड़इया।।
हमसे दीन, दयाल न तुमसे। चरन सरन रैदास चमइया।।

(75) हउ बलि बलि जाउ रमईया कारने।
कारन कवन अवोल।।
हम सरि रीनु दइआलु न तुमसरि। अब पतीआरू किआ कीजै।
बचनी तोर मोर मनु मानैं। जन कड पूरनु दीऔ।।
बहुत जनम बिछुरे थे माधउ, इहु जनमु तुम्हारे लेखे।
कहि रविदास अस लगि जीवउ। चिर मइओ दरसनु देखे।।

(76) अहो देव तेरी भक्ति महिमां, महादैवी माया।
मनुज दनुज वन दहन, कलि विष कलि किरत सवै समय समेन।।

निरवांन पद भुवन, नांम बिधनोध पवन पात।।
गटग उत्तम बांमदेव, विस्वामित्र व्यास जमंदग्नि श्रिंगी ऋषि दुर्वासा।
माटकंडेच बालमीक भिगतु अँगिरा, कपिल बगदालिम सुकमातंम न्यासा।।
अत्रिय अस्टावक्र गुर गंजानन, अगस्ति पुलस्ति पारासुह सिव विधाता।।
रिष जड़ भरथ सम मरिष, निवनि बसिष्टि निहानि ज्यागवलिक तब ध्यांति राता।।
धू्ं अंवटीक प्रहलाद नारद, विहुर द्रोवणि अकुर पांडव सुदामा।
भीषम उधव वभीषन चंद्रहास, वलि कलि भक्ति जुक्ति जयदेव नांमां।।
गरूड़ हनूंमानु मांन जनकात्मजा, जय विजय द्रोपदी गिरि सुता श्री प्रचेता।
रूकमांगद अंगद बसदेव देवकी, अवर अमिनत भक्त कहूँ केता।।
हे देव सेष सनकादि श्रुति भागवत, भारती स्तवत अनिवरत गुण र्दुन गेवं।
अकल अविछन व्यापक ब्रहमेक रस सुध चैतंनिपूरन मनेवं।।
सदगुण निरगुण निरामय निरविकार, हरि अज निरंजन विमल अप्रमेवं।
प्रमात्मां प्रक्रिति पर प्रमुचित, सचिदानंद गुर ग्यांन मकं ।।
हे देव पवन पावक अवनि, जलधि जलधर तरंनि।
काल जाम मिृति ग्रह ब्याध्य बाधा, गज भुजंग भुवपाल।।
सीस सक्र दिग्पाल, आग्या अनुगत न मुचत मृजादा।।
अभय वर व्रिद प्रतंग्या सति संकल्प, हरि दुष्ट तारंन चरंन सरंन तेरैं।
दास रैदास यह काल व्याकुल, त्राहि त्राहि अवर अवलंबन नहीं मेरैं।।

(77) त्राहि त्राहि गिमवन पति पावन।
अतिसै सूल सकल बति जांवन।।
कांम क्रोध लंपट मन मोर। कैसे भजन करौ राम तोर।।
विषम विष्याधि विहंडनकारी। असरन सरन सरन मौ हारी।।
देव देव दरबार दुवारै। रांम रांम रैदास पुकारे।।

(78) मैं का जांपूं मैं का जांपूं।
मप माया के हाथि विकांपूं।।
चंचल मनवां चंहुदिसि धावै; जिम्या इंद्री हाथ न आवै।
तुम तौ आहि जगत गुरू स्वामी, हम करियत कलजुग के कांमी।।
लोक वेद मेरे सुकृत बड़ाई, लोक लीक मोपैं तजी न जाई।
इन मिलि मेरौ मन जु बिगार्‌यौ, दिन दिन हरि जी सूँ अंतर पार्‌यौ।।

सनक सनंदन महामुनि ग्यांनी, सुख नारद व्यास इहं वखांनी।
गावत निगम उमापंति स्वांमीं, सेस सहंस मुख कीरति गांयी।।
जहाँ जहाँ जाऊँ तहाँ तहाँ दुख की रासी, जो न पतियाइ साध है साखी।
जमदूतनि बहु विधिकरि मार्‍यौ, तऊ निलज्ज अजहूँ नहीं हार्‍यौ।।
हरि पद विमुख आस नहीं छूटै, ताथै गिसना दिन दिन लूटै।
बहु विधि करम लीयै भटकावै, तुमहिं दौस हरि को न लगावै।।
केवल रांम नांम नहीं लीया। संतुति विषै स्वादि चित दीया।
कहै रैदास कहाँ लग कहिये, विन जग नाथ सदा सूख सहियै।।

(79) तुझा देव कवलापति सरणि आयौ।
मंझा जनम संदेह भ्रम छेदि माया।।
अति संसार अपार मौ सागरा, ता मैं जांमण मरज संदेह भारी।
कांम भ्रम क्रोध भ्रम लोभ भ्रम, मोह भ्रम अनत भ्रम छेदि मन करसि यारी।।
पंच संगी मिलि पीड़ियाँ प्रांणि यौं, जाइ न न सकू बैराग भागा।।
पुत्र बरग कुल बंधु ते मारज्या, भखैं दसौ दिसि रिस काल लागा।।
भगति च्यंतौ तो मोहि दुख ब्यापै, मोह च्यंतो तौ तेरी भगति जाई।
उमै संदेह मोहि रैंणि दिन व्यापै, दीन दाता करौं कौंण उपाई।।
चपल चेत्यौ नहीं बहुत दुख देखियाँ, कांम बसि कोहियौ क्रम फंधा।।
सकति सनबंध कीयौ, ग्यान पद हरि लीयौ, हिरदै बिस रूप तजिभयौ अंधा।।
परम प्रकास अविनास ऊघ मोयनां, बिरखि निज रूप विश्रांम पाया।
बंदत रैदास वैराग पद च्यंतता, जपौ जगदीस गोब्वंद राया।।

(80) जयौ रांम गोब्वंद बीठल वासदेव।
हरि विश्न बैकुंठ मधुकीट मारी।।
कृश्न केसों रिषीकेस कमलाकंन।
अहो भगवंत त्रिवधि संतापहारी।।
अहो देव संसार तौ गहर गंभीर।।
भीतरि भ्रमत दिसि व दिसि, दिसि कछू न सूझै
विकल्प व्याकुल खेंद, प्रणवंत परमहेत।
ग्रसित मति मोहि मारग न सूझै।।
देव इहि औसरि आंन, कौंन संक्या समांन।

देव दीन उघंरन, चंदन सरन तेरी।।
नहीं आंन गति विपति कौं हरन और।
श्रीपति सुवसि सीख संभाल प्रभु करहु मेरी।।
अहो देव कांम केसरि काल, भुजंग यांमिनी भाल।
लोभ सूकर क्रोध बर वारनूं।।
ग्रव गैंडा महा मोह टहनीं, विकट निकट अहंकार आँखू।
जल मनोरथ ऊरमीं, तरल तृसना मकर इंद्री जीव जंत्रक मांही।
समक व्याकुल नाथ, सत्य विष्यादिक पंथ, देव देव विश्राम नांही।।
अहो देव सवै असंगति मेर, मथि फूटा मेर।
नांव नवका बड़ै भागि पायौ।
बिन गुर करणधार डोलै न लागै तीर।
विषै प्रवाह औ गाह जाई।।
देव मिहि करौं पुकार, कहाँ जाऊँ।।
काँसू कहूँ, का करूँ अनुग्रह दास की त्रासहारी।।
इति व्रत मांन और अवलंबन नहीं।
तो बिन त्रिवधि नाइक मुरारी।।
अहो देव जेते क्रयै अचेत, तू सरवगि मैं न जांनूं।
ग्यांन ध्यांन तेरौ, सत्य सतिप्रिद परपन मन सा मल।
मन क्रम वचन, जंमनिका, ग्यान वैराग दिढ़ भगति नाहीं।
मलिन मति रैदास, निखिल सेवा अन्यास।
प्रेम प्रीति सकल संसै न जांहीं।।

(81) आज नां धौस नां एयौ बलिहारा।
मेरे ग्रिह आया राजा रांम जी का प्यारा।।
आंगण बठाड़ भवन भयौ पांवन। हरिजन बैठे हरिजस गावन।।
करूँ डंडौत चरन पखालूं। तन मन धंन उन ऊपरि वारौं।।
कथा कहै अरू अरथ विचारै, आपन तिरैं और कूँ तारैं।।
कहे रैदास मिले निज दास। जनम जनम के कटे पास।।

(82) धन्य हरि-भक्त त्रैलोक यशपावनी।
करो सत्संग इह विमल यशगावनी।।
वेद तें पुराण, पुराण तें भागवत, भागवत तें भक्ति प्रकट कीन्हीं।
भक्ति तें प्रेम, प्रेम तें लक्षणा, बिन सत्संग नहिं जात चीन्हीं।।
गंगा पाप हरै, शशि ताप अरू कल्पतरू दीनता दूरि खोवै।

पाप अरू ताप सब तुच्छ मति दूरि करि, अभी की दृष्टि संत जोवै।।
विष्नु भक्त जिते, चित्त पर घर तिते, मन वच कर्म करि विश्वासा।
संत घरणी घरि, कीरति जग बिस्तरी, प्रणत जन चरण रैदास दासा।।

(83) माधवे इहै सोच जिये मोर।
नाना भेष लीये हम देखे, कौंन भगति हित तोर।
कहियत रांम सुनियत फुनि रांम, अस देखें बहु लोई।
विहवल विकल सेऊ हम देखे, सीतल विरला कोई।।
श्रुति सुम्रिति वेद विविध विधि, पापा रहत जस सोई।
कहै रैदास पतित पावन के मरम दुखित है सोई।।

(84) आरती क्या लेकरि जोवै, सेवग दास अचंभै होवै।
बांवन कंचन दीप घड़ावै, जड़ि वैरागर द्रिष्टी न आवै।।
कोटि भांण की सोभा रूंमै, कहा आरती अगनिर घूमैं।।
पाँच तत यहु नृगुणी माया, जी दीसै सो सकल उपाया।।
कहै रैदास में देख्या माँही, सकल जोति रो सम नाँही।।

(85) जो तुम गोपालहि नहिं गेहौ।
तो तुम का सुख में दुख उपजै, सुखरि कहाँ से पैहो।।
भूल्यो नाथ सकल जग डहको, झूँठो भेख बनै हो।
झूँठे ते साँचे तब होइ हौ, हरि की सख जब एहौ।।
कन कस बत रस और सवै रस, झूँठहि मूड़ डोलै हो।
जब लगि तेल दिया में बाती, देखत ही बुझि जैहो।
जो जन राम नांम रँग रातें, और रंग न सुहै हो।
कह रैदास सुनो रे कृपा निधि, प्रान गये पछितैहो।।

(86) ज्याहां देखो वाहां चाम ही चाम।
चाम के मंदिर बोलत राम।
चाम की गऊ चाम का बचड़ां।
चामहि धुन। चामहि ठांडां।
चाम का हाती, चाम का राजा।
चाम के ऊँट पर, चाम का बाजा।।
कहत रैदास सुनो कबीर भाई।
चाम बिना देह किनकी बनाई।।

(87) प्रभु जी तुम औगुन बकसन हार।
हऊं बहु नीच उधरौ पातकी, मूरिख निपट गंवार।
मो सम पतित अधम नहीं कोई, खीन दुखी बिसयार।
नाम सुनहि नटकु भजै, तुम्ह बिन कंवन हमारा।।
पतित पावन बिड़द तिहारौ, आइ परौ तोहि दुबारा।
कहि रैदास इहु मन आसा, निज कर लेहु उबार।।

(88) माधवे! पारस मनि लै जाऊं, मोहे सोने का नहिं चाऊ।
जउ मों पै राम दयाला, देउ चून लू न धीउ दाला।
मैं रूखी–सूखी खाऊँ, औरन की भूख मिटाऊँ।
कोई परै ना दुःख की पासा, सब सुखी बसे रैदासा।

(89) हुसिआरी हुसिआरा रे।
मन जपि लै राम पिआरा रे।
गढ़ि कांचा तसकर लागा के, तूं काहे न जान अभागा रे।
नेत्र पसारि न देखै, तेरा जनम मरन केहि लेखे रे।
जन रैदास मिलजै रे, कछु जागति पहरा कीजै रे।

(90) दिल दरियाव हीरालाल है, गुरमुख समझ परै।
मरजी बाकी से न विचारै, तउ हीरा हाथ परै।।
कहि रैदास समुझि रे संतो, इहु पद है निरवान।
इहु रहसि कोउ खोजै बूझै, सोउ है संत सुजान।।

(91) दुखियारा दुखियारा जग मंह।
मन जप लै राम पियारा रे।।
गढ़ कांचा तस्कर तिहं लागा।
तू काहै न जाग अभागा रे।।
नैन उधारि न देखियो।
तुझ मानुख जनम किह लेखा रे।।
पाउं पसार क्रियि सोइ पर्यौ।
तैं जनम अकारथ खोया रे।।
जन रैदास राम नित भेंटहि।
रहि संजम जागति पहरा रे।।

(92) जा पै दीनानाथु ढरै।

दीनबंधु करूनामै स्वांमी औगुन चित्त न धरै।।
निसंचर फुनि बंधु वभीषन, तिहु सिर छत्र धरे।
बन बेरि-बेरि भखै भीलनी कै, लछिमन पेखि प्रजरै।।
दरिद्र सुदामा कियहु आपु सम, नैनन नीर ठरे।
कहि रैदास क्रिस्न करनामैं, नाम लेन उवरं।।

(93) जाकै राम जी धनीं, ताकै काहिं की कमी है।
मनसा को नाथ मनोरथ पुरवै, सुख विधान की कहा गिनीं है।।
कवन काज किरपन की माया, करत फिरत अपनीं अपनीं है।।
खाई नसके, खरय नहिं जानै, ज्यों भंवंज सिर रहत मनी है।।
रखवारै को चक्र सुदरसन, विघ्न न व्यापै, रोक दिनी है।।
सिव सनकादिक पार न पावे। मो वपरे की कौन गिंनी है।।
जाकी प्रीति निरंतर हरि सौं, कहे रैदास ताकी सदा ही बनी है।।

(94) बीती आउ भजनु नहीं कीन्हा
सेत भयउ तन थर-थर कंपहि हरि सिमरनु नहीं कीन्हां
सत संगत नहिं गुट पद सेओ, प्रेम कीरति नहीं गाई
नहिं मनु रमयो प्रभ चरनन महिं, तन स्यों प्रीत प्रिढ़ाई
कह रैदास चलन की बिरियां, कोउ न होहु सहाई

(95) आगे मंदा ध्वै रहना, परकिरति न जाई।
कुकर चौकी चहौड़िये, फिरि वहे सुभाई।।
सुरसरि मैं जु सुरा पर्‌यो, को करै न विचारं।
राम-नाम हिरदै बसै, सब सुख निधि सारं।।
कहै 'रैदास' सुनि केसवे, अंतहकरन विचार।
तुम्हरी भगति के कारने, फिरि हुवैहों चमार।।

(96) किहि मन टेढ़ो-टेढ़ो जात।
जाकूं पेखि वहु गरिवानो, हांड मांसु कौ गात।
थूक लार विस्टा कौ बेढ़ौ, अन्त धार ह्वै जात।
राम-नाम इक छिनु न सिमरयो, विसियन सूं वहुघात।
ज्यूं खग पेखि दरपन मंह तन, कूं वेरि-वेरि चूसियात।।
अजहूं येति गहु सिख मूरिख, जनम अकारथ जात।
जल-थल बाउ अगन कौ पुतरा, छिन मांहि होहि मसमात।
कोरि जतन करि जोगि तपि हारे, निहचय हंसा उडि जात।

कहि रैदास राम भज बावरे, वय बीते पछितात।

(97) बौरी करिलै राम सनेहां।
संग सहेली ब्याह चली सब। छांड़ि नैहरि रा गेहा।।
खेलि खिलार बइस सब बीती। मन चित भई न पिउ परतीती।।
मैं, मैं, जौं लौ गरब वौरानी। तौ लौं पियरा मनु नहिं आनी।।
आपा मेटि मैं मेरी खोही। गरव तियागी अरपिहि निज देही।।
पिउ कौ नारी उहि मन आई। जिहि अभिअंतर अवरू न काई।।
जौं लौं पिउ का मन नहिं आई। का सोरह स्यंगार बनाई।।
सोइ सती रैदास बखानी। तन मन स्यूं पिउ रंग समानी।।

(98) सतगुर हमहु लखाई बाट।
जनम पाछले पाप नसाने, मिटिगौ सबु संताप।
बाहरि खोजत जनम गंवाए, अनमनि ध्यान गिआंन रहे घट आय।।
सवद अनाहद बाजत घट मंह, अगम गिआंन मौ गुर प्रताप।
घन दारा मंह रहियो मगन नित, गुनो मियु कौ ताप।
कह रैदास गुरु रह दिखावइ, लिखा बुझि, मिटि मन संताप।।

(98) सब कुछ करत न कहौं कुछु कैसे,
गुन विधि बहुत रहत ससि जैसे।
दरपन गगन अतिल अलेप जस,
गंध जलधि प्रतिबिंब देखि तस।
सब आरंभ अकाम अनेहा,
विधि निसेध कियो अनेकहा।
यह पद कहन सुनत नहिं भावे,
कह रैदास सुक्रित को पावे।

प्रह्लाद चरित

शहर बड़ो मुल्तान, जहां एक कुलवंत राजा।
तहं जनमें प्रह्लाद, सरे सुर मुनि के काजा।।
पूछो विप्र बुलाइ कै जनम्यो राजकुमार।
या छौटे प्रह्लाद को गुण तें पढ़ाइये।। (1)

मैं पढ़यों राम को नाम और दूजा नहीं जानौं।
रर्रा मम्मा छांडि, तीसरो अंक न आनौं।।
कहा, पढ़ावै बावरे, और सकल जंजार।
भौ सागर जम लोक ते, मोहि कौन उतारे पार।। (2)

तब राजा परचरयौं रोस, अति मन में कीन्हों
मेरो बैरी राम सोई तें, चित घर लीन्हों
या पढ़िवो तू छांडि दै, कह्यौ हमारो मान
टूक-टूक करि डारि हौं, जब के सुणों हरि कान (3)

जो वरज्यो सौ बार कह्या तेरो नहिं मानौं
और बात को प्याल मन कबहुँ न आनौं
पूर्ण ब्रह्म है सकल मैं, जाको यह विस्तार
जाके राम सहाय हैं, कौण सकेगो मार'' (4)

राज सभा बुलाइ बैठि एक मंत्र विचारो
लै देखी परतीत जादू गिरवर ते डारौ
सकल इति मिति लैं चलै दीन्हों सैल चढ़ाई
जहाँ पंछी की गंध नहीं, तहं ते दियो गिराय(5)

वसुधा भई अधीन, दीन छै दरसन कूं आई।
मस्तक चरन छुआय लियो, छदै सो लाई।।
कहा भक्त कौ त्रास हैं आदि अंत नहिं और।

अब की सेवा चूक है, तौ तीन लोक नहिं ठौर।। (6)

मूरति अधिक अनूप देख माता मुख हैरे।
देखि करम के जोग आज प्रह्लादहि टेरै।।
हाथ जोर विनती सुंण मेरे राजकुमार।
एक घड़ी हरि छोड़ दै, उवरै अब की बार।।(7)

माता मेरी लाग प्रीति अब तोरी नहिं टूटै।
अंतर रही समाय, अंत ही अंत न छूटै।।
माली सींचे केवड़ा, बिन सींचे कुम्हलाय।
एक घड़ी हरि छाड़ दूँ, तड़पि तड़पि मरि जाय।। (8)

असुर भयो मति हीन जवै लौ पावक दीन्हों।
अगति छाल पर जरे, तहां डिर आसण कीन्हो।।
सकल देव रक्षा करें वहाँ पावक नहिं आई।
बैठी सीत समंद में जानौं मीन-मकर जल न्हाई।। (9)

ना जाने प्रह्लाद कहा कछु चेटक कीन्हों।
असुर भयो मति-मंध जवै जल कूपहि दीन्हों।।
सकल संत किच्छा करें, ध्रुव नारद के साख।
जाके राम सहाय हैं, तहाँ भावै कहाँ राख।। (10)

हसत हसत प्रह्लाद तवै, चटसाल पधारे।
रर्रा मम्मा दोऊ अंक, औसर पर जाइ उचारे।।
लै परतीत परचै मयो, उपज्यो तन विश्वास।
और सकल संसार ते, राजा भयो उदास।। (11)

हाथ जोर प्रह्लाद जवै देवत में आए।
खोजत खोजत असुर वहाँ ही जाइ सताये।।
जो तोहि राखै सो कहाँ, मैं तोहि छांड्यो ताहि।
कोमल वचन कुंवरि उठि बोले यों पति खंभा मांहि।। (12)

करि गहि लीन्हो खड्ग वांधि सन्मुख हुई ठाड्यो।
जो तेरो है राम यहाँ क्यों नाहि छुड़ावहि तोहि।। (13)
राजा गरव न बोल, राम है गरव प्रहारी।

पूर्ण ब्रह्म है सकल में, वेई मन के ईस।
मो मैं, तो मैं, खड्ग-खंभ में पूरि रहे जगदीस।। (14)

निसवासर नहीं मरे बुद्धि बल करों उपाई।
मारौ सोई मारि जो, रन सो बाहर माई।।
अंदर बाहर न मरै, क्यों कर आवै हाथ।
मति ब्रह्मा की का कह्यो, सो तो दीनानाथा। (15)

नरसिंह उठे पाल जग, गरव सब ही मिटि जाई।
धरि धरि रहे समाय, ठौर खाली नहिं काई।।
वह पूरण सकल में, कहाँ बताऊँ दूर।
मिल घरिवे को ठौर नहिं, रह्यौ सकल भरपूर।। (16)

अस्त भयो है मान, उदय रजनीकर कीन्हा
खम्भा में ते निकस, जांघ जोघा को लीन्हा
नख सो उदर बिडारिया, तिलक दिया महाराज
सप्त दीप नव खंड में, तीन लोक भई गाज।(17)

जहां जगत को भीर तहां सब कारज सारे।
हमसे ऊधम उधारि कीये नर कन से न्यारे।
सुर मुनिंगधर्व, पढ़ै ब्रह्म निवास।
मनसा वाचा कर्मणा, गावै जन रैदास।। (18)

कठिन शब्दों के अर्थ

अवर	अन्य
अवलंबन	सहारा
अनभई	अनहोनी
क्रम	कर्म
इब	अब
आसिरा	आश्रय
अहला	बहुत मीठा
कदे	कभी
उमै	दोनों
अछत	अक्षत
अनभै	निडर
अरोहन	आरोहण
कुंचर	हाथी
उश्न	गर्म
उदास	विरक्त
आर	कील
आपा	अठारह
असटदशा	अहंकार
अवलि	पंक्ति
अगमगवन	आवागमन
अरदास	प्रार्थना
कतेब	पुस्तक
अयाना	अज्ञानी
नितहि	नित्य ही
परधान	प्रमुख
जाकै	जिसके
कमषिज	कमसिन

कौतिग	कौतुक
कीरा	कीड़ा
कागरा	कागज
कमि	कमीना
छेदन	काटना
गोब्यंदे	गोविंद
गालै	छल
ग्रव	गर्व
गोस	एकांत
कुटक	आभूषण
गनीं	धनी
खतरी	क्षत्रिय
खिण	कमी
खूंब	खुंभी
कलाली	कलाल
च्यातृणा	च्यातक
गाफिल	आलसी
जात	जाति
छोति	छूत
झीनां	धूमिल
खिआन	प्रसंग
खालिक	ईश्वर
वनजि	व्यापार
बठाण	बैठक
प्रसेद	पसीना
पैज	प्रतिज्ञा
नषेध	निषेध
निवाज	नमाज
दंग	आश्चर्य
दादिरा	मेंढ़क
ढला	मृत
डूंगर	छोटी पहाड़ी
दरहाल	झटपट
ताड़न	मारना
पुरवन	पूरा करना

पांवन	पवित्र
बंदा	भक्त
रैणि	रजनी
सुनि	शून्य
सेंसै	संशय
मंदर	महल
विलाइ	विलीन
बपुरा	बेचारा
बूड़ी	डूबी
लुनिये	काटना
रमसि	रमना
मजनु	स्नान
सकल	सारा
भुइअंग	सर्प
बेकिहर	निर्मम
बेगमपुर	दुःखरहित नगर
विसथरिओ	विस्तारित
बहुरो	फिर
माहआ	माया
वारूनी	शराब
मेषी	मादा भेड़
हाटिओ	बाजार
हनोज	अभी तक
साइर	सागर
सारहिं	सारथी
सरि	समान
सरपट	निश्चय
सुमृति	स्मृति
सारित	साक्षी
आँक	अक्षर
परमगते	परमगति
चटसाल	पाठशाला
डंडउति	दंडवत

तास	उसके
तर	वृक्ष
सँपुर	अंजलि
रोमावली	रोम-राजि
साकर	शक्कर
बिंब	स्वरूप
सइआ	सयानी स्त्री
अभाग	अभागे
परचै	परिचय
वरन	वर्ण
पूँजी	मूलधन
रमइया रंग	राम का रंग
मन	कहता है
अजातु	अजाति
सुआन	श्वान
माथै	मस्तक
गुसईंआ	गुसांई
प्राण धन	सर्वस्व
बड़	श्रेष्ठ
जौलौं	जब तक
धरनि	धरती
अकास	आकाश
बानि	आदत

रैदास की परचई

(भण्डारकर प्राप्य शोध मण्डल) पुणे

अथ रैदास जी की परचई लिष्यते।

चौपाई:

नगर वाराणसी, अति मंगाऊ, जहाँ पाप पुन्य न लागै कांड।
मेरे सको ईनर मन जाई, संकर राम सुनावै आई।। (1)

सुरति समरति का है, अधिकारू, जहाँ रैदास लक्षौ औतारू।
साकति कै घर जनम्यौं आई, जाति चमार पिता अरू भाई।। (2)

पूरब जनम बामण सो होता, मांस न छाड़्यो हरजन सोता।
तीं अपराध नीच धरि दीन्हा, पहला जन्म बीर कर लीना।। (3)

दूध न पीवै रूदन जूँ करई, अैसे कुटुंब देखि सब डरई।
कलपत कलपत बेटों जाया, बड़े भवन भवार रो आया।। (4)

मंगल गीत न कामण आवै, अचत भयो बाजा न बजावै।
बैदो नाव ती ले ले आवै, मंत्र तंत्र औषधि लगावै।। (5)

बालि मरती राषि लै कोई, हमारै जाणै धनंतरि होई।
सो फरमावैं जो मैं करिहै, बोहि त उबलै आगैं धरहै।। (6)

ऐसो भांति भया दिन च्यारी, अंति संदेह करे महतारी।
कुटुंब सहित पिता दुःख पावै, रहदासन जिहि मरिबोई भावै।। (7)

इसी बात मरिवो ही जीको, हरि सौं वेमुख जीवन है फीको।
हरि हि बिसार जै नर जीवे, जम पै विप करावै ग्रीवै।। (8)

कहा दालऊ कहा धनवंतू, कहा बौरा कहा मैं मंतू।
कहा मूरख कहा पंडित करई, हरि बिन रे राजरे कतित रई।। (9)

निज मरवो रैदास विचारा, हरि करुणामयी एषनहारा।
अरध रात्रि भई आकाश वाणी, सो रामानंद लिए पैचाणी।। (10)

चमरा के घर बेटा जाया, सो मेरा जन औतर आया।
हरि कब कथा कही सम, पीछै आव घटैगै भाई।। (11)

तब रामानंद ने किया विचारा, समझाया मंगल प्रवारा।
जे तुम भगति होरे भाई, तो हरि बालक लेहि जिवाई।। (12)

उठि चमरा तब लागों पाई, मन माने सों करौं गुसाईं।
तज रामानंद गुरु हरि कीनां, माथै हाथ सबति कै दीनां।। (13)

माला तिलक स्वांग पहिराया, पिछवा वासन सब करवाया।
असतन पान कीया रैदासू, सविन कै हिरदू भयो हुलासू।। (14)

देह बधाई बाजै बाजा, घर घर कामण कलस विराजा।

दोहाः

जनम सुनत रैदास को, सुख पावै भगवंत।
करम के बंधन सब कटै, गावै दास अनंत।। (15)

चौपाईः

इहि विधि हर भक्तन हितकारी, जुग जुग जिनकी विपत निवारी।
दिन दिन बड़ो भयो रैदासू, त्यों त्यों हिरदै अधिक विस्वासू।। (16)

बरस सात को भयो है जब ही नौ धाम गति ठिठाई तबही।
अरू भगतिन की सेवा करसि सतगुरु की सेवा नहीं टरसी।। (17)

बारा तनमय करै तिबी कौ, बड़ो भयो तब लागो फीको।
बड़ा भया तब कीन्हौं न्यारौ, बाट आयौ सो बाट न दीनौ।। (18)

राज्यौ बाषर कै पछवारै, कछु न कहौ रैदास विचारे।
सीधा चाम मोल लै आवै, ताकि पनही अधिक बनावै।। (19)

टूटा फाटा जर वा जोरै, मसकत करै काऊ नहीं होवै।
ऐसा लाभ सहज ही होई, ता कौ करम न लाडौ कोई।। (20)

न्यारे मंदिर भोग लगावै, जीहाँ न कोई मध्यम आवै।
पूजा अर्चा अधिक अचारू, जाणै भगति रीति विवहारू।। (21)

बरस पाँच ऐसी विधि गया, किसनी वोहित सीश भया।
तब हरि भगति रूप करी आए, जिन रैदास बहुत मन भाए।। (22)

आदर करि आसन बैसारे, दीन वचन कहि चरण पखारै।
घड़ी येक हरि कथा चलाई, पीछै जिन वारव नाई।। (23)

भोजन करि हरि बैठे जबहि, उष सुख बात चलाई तबही।
कह रैदास आपने मरम, कैसे रहै तुमारो धर्म।। (24)

सम्पत्ति कोई न देषूँ नैनां, कैसे देहि पावै चैनां।
तब रैदास कहं समझाई, संपति मेरे रामहि राई।। (25)

कोटि लक्ष्मी ताकै चरणां, दुष दालिद नाहिं ता सरणां।
अतनी कथा कहि रैदासू, तब केसो के मन भयो हुलासू।। (26)

सुनी रैदास वचन एक मेरा, अब ही दालिद मारूँ तेरा।
बारातिन को मैं बैरागी, ज्ञान पाई करि माया तागी।। (27)

फिरत फिरत हूँ तैरै आयो, कालैं बार मैं पारस पायो।
किरपावत होइ तुम ही लेहू, मेरे काम न आवै थेहू।। (28)

लोहा जो पारस को भेंटै, तो कंचन होई तिन कोई मेटै।
ऐसे कंचन करि करि लेहूँ, मन मानै ताहि कू देहूँ।। (29)

ताकौ दु:ख न लागै कोई, डूंडी भगत तुम्हारी होई

दोहा:

वचन सुनत भगवंति का, मुँह देखे निगटी रैदास।
कै सत देषन आहया, कै करण भगति को नाम।। (30)

चौपाई:

घड़ी एक रैदास न बोल्या, हरि गांठे सो पारस खोल्या।
तू जिन जानै ठहकावै मोहि, नह यै किया देन हूँ तोहि।। (31)

ये देखो पारस के चहना, सुई येक ले कंचन कीन्हा।
अैसा काहू न होई नया नूं, या मैं नाहीं जान बिना नूं।। (32)

तब रैदास बोलिया बैना, याहि व कबहूँ देषूँ नैना।
कनक कामणि नां रै साधूँ, हाथ दीया लागै अपराधू।। (33)

कजक कामणि तै सारै काजू, तो कित राजा छोड़ँ राजू।
भिष्यों मांगर भोजन करही, कनक कामणि देख्या डरही।। (34)

ताकूं संयद कैसी कीजै, सत छाड़्या केता दिन जीजै।
तब हरि बोल्या सुणि सत भाऊ, कंचन दोष न दीजै काऊ।। (35)

कंचन कै मंद बैकूंण, कंचर हर पहरत है कंठा।
कंचन की द्वारका विराजै, कंचन सब देवन के छाजै।। (36)

कंचन भंजनि है हरि की सेवा, कंचन दियो सुदांमा देवा।
कंचन कृष्ण प्रीति करि दीअै, कंचन कटि मोहिछा कीजै।। (37)

कंचन लै बैकुंठ बसावे, जो कंचन का भरम हि पावे।
कंचन षरय पाप जो कीजै, तो कित दोस कंचन को दीजै।। (38)

कंचन लोगिन काको देई, तो नरक बैसाई आपको लेई।
कंचन लै जो जुवा खेले, तो क्यों न जनम नरक में लेवे।। (39)

कंचन ले कलाल के जाई, सुरा पान पी नरक पड़ाई।
कंचन ले जो औमष षाई तो सहजै नरक पड़ैगा जाई।। (40)

कंचन लै जो मन पंमरावै, तो गत मोष कहाँ तै पावै।
कंचन ले परतीया राचै, तो सब तैं मरि रोक हूँ नहिं बाचै।। (41)

कंचन क्रीय कीरति जो लेई, अपराधी क्यूँ आदर देई।
कंचन घरै घरणि दुराई, और न देई आपन षाई।। (42)

तो कंचन कैसे निस्तारै, देषत जनम आपनो हारै।
ऐसी बात कही हम जबही, रैदास बोल्या तब ही।। (43)

काही हाथ हमारे देहू, तुम्हीं क्यौं न मोहिच्छा करैहू।
हम ही भया तुम हू परभाऊ, अब रैदास मन न डुलाऊ।। (44)

पारस ले पाव तल घरया, तब रैदास पिछुड़ा फिरिया

दोहा:

नहि कीया न छूटि, हँऊगे कंवला कंघ।
सुष सागर हरि सरणि, हैं गा रैदास अनंत।। (45)

चौपाई:-

बोलो जिन रैदास विचारी, हूषौ हो कांण तुम्हारी।
जो तुम टेक आपणी करहूँ, तो बसतर बाँधि छांनि मैं घरहूं।। (46)

भागै भूषै भावै काजा, लीज्यो छोड़ न कीज्यो लाजा।
केसो पारस घर्‌यो बांधी, घर भीतर अरू डंडे की सांधी।। (47)

हम देख्यां सै षरां लजाई, पीछै कंचन करि करि षाई। (48)

यह विचारि कहि के सो गइया, बरस येक पारस कौं भइया।।
जिन रैदास न देख्या काहूँ, मास तेरखे बहुइयौ आहू।।

काहि स्वामी काठिन लीना, कोण दोस कंचन को दीना।
तब रैदास कहै कर जोरैं, मैं छोड़यो पाथर को भौरे। (49)

पारस मेरे हरि को नामूँ, पाथर सैती सिरै न कामू।
हरि पारस कंचन की रासी, और सवै माया की पासी।। (50)

अंगीकार रैदास न कीया, तब हरि अपना पारस लीया।
ले पारस रमि गया मुरारी, बोहिरयौ केसो बुधि विचारी।। (51)

सुपनांतर मैं विनती करहूँ, मोहिरं पाँच लेत पुट घरिहूँ।
लेक कनक जिन करो कुमाऊँ, पूजा साध हरि दै करि भाऊँ।।(52)

इतनो सुनत भयो सुष भारी, मानूँ वचन जो कहै मुरारी।
भारे भयो जे देषै जागी, दीनी संपत्ति मैं कब माँगी।। (53)

तब तै पाँच नित पावै तै सब, पाक मोहि चैल्यावै।
मंदिर महल कीयो बोहि तेरा, जिहा जिहा भगतिन का डेरा।। (54)

करैं कथा कीरतन सारू, आन धरम नाहीं पैसारूँ।
नगर को लोक दरसन करि जाई, तर सूँ बामण परा रसाई।। (55)

काछू को धन पर्‌यो पाइयौ, षाह न जानै मूढ रिवारयौ।
ढचर करै लोकन भोरावै, सुंदर आपणी जाति लगावै।। (56)

मधुम कुल अर मधम कांमू, मधम कुटुंब अर मधम नांमूं।
मध्यम आपणां अर मध्यम नांमूं, सो क्यूँ पूजै सालगरामूं।। (57)

वेद पुराण कहै समझाई; सुई हि सिल न जाई छवाई।
जैसे बांमण कोप कराई, तब रैदास वरजै आई।। (58)

जै तू रहयो नगर मैं चाही, तो जिन काहू और वाही।
सुधो सुमरति रहू हरि नांमू, तू जिन पूजै सालीगरांमू।। (59)

बरज तिन हीं नगर को राजा, ताकी बामण करै न लाजा

दोहा:

राजनीति मानै नहीं, बोहत मरथा अहंकार।
बामण वरज्यां न रहै, मरण कहै दरबार।। (60)

चौपाई:

तबै दरबारी चौबे आया, व्यास आचरज फाटिक ध्याया।
बाला बूढ़ा सवै सकेला, करहि बाद रैदास अकेला। (61)

बैगे नहीं नगर को राई, तिनकै राजनीति आगां तैं आई।
सगलो लोक तमसै आयो, दान दिया वेन को सुग पायो।। (62)

भौग्या लोक पाँच मिलि वरजै, संक न यानै बामण गरजै।
तब रैदास काहीं सूँ आया, राजा परजा माथा नाया।। (63)

बैगे भोप दिंलीया डारी, मानो चंप्रिया किए उजियारी।
आस पास तारागण सोही, भजन प्रताप का परा कोही।। (64)

निरमल वचन कहै रैदासू, कोण चूक तैं हमैं तरासू।
बामण बोले सुणि रैदासो, तैं क्यूँ धरम हमारा नीदां।। (65)

हम गुरु पूजि आदि सब केरे, लोक वचन मानत है मेरे।
तू किन मानै बात हमारी, तोहि पाप लागत है भारी।। (66)

सालगरामैं ल्यावे हाथ, तब कांपति है श्री जगनाथ।
जल सिनान करावै जबहीं, सुरापान ढारयो तब ही।। (67)

बार भोग ढ़ारतै आसू, राजभोग मानत गौ पासूं।
तुलछी चंदन अरपै फूला, ताको दोस थापकी तूला।। (68)

धूप दीप आरति का भाऊ, ताको भलो न मानै काऊ।
सुरति समरति की राषो रीता, साधू जिनकै कारण जीता।। (69)

अैसा धरम काहिले कर हूँ, ताते नरक कुण्ड में परहूँ।
धरम तुमारा कहिये येहूँ, सब काहू को भोजन देहूँ।। (70)

हरि सुमिरण हरदै जिन ढारो, कलपत पाँचो इंदरया मारो।
पर अपवाद करो जिन काहू, हरिष हरिष हरि के गुण गाहू।। (71)

इतना बचन हमारा मानौं, जो तुम भला आपना जानो।
तब रैदास कहै समजाई, तुम तैं भगति दूर है भाई।। (72)

झूठे फल भीलड़ी के षाई, प्रीति जांनि हरि कै मन भाई।
ताते पाप हि न डराऊ, भयो सुषि ईब नारायण गांऊ।। (73)

बांमण बोलै सुणि रैदासा, तुम जिन करो मुकति की आसा।
त्रेता सुद्र तपस्या करही, ताकै पातक बामण मरही।। (74)

सो रघुनाथ मारियो वाणा, बांमण जीयो सूद्र गयो प्राणां।
तप तीरथ की करां न आसां, हम हरि सरण कहै रैदासा।। (75)

ऊँच नीच की संक्या नाहीं, हरि ग्वालन की झूठन षाही।
ता झूठ कूं ब्रम्हा आयो, पांयो नहीं कृष्ण भरमायो।। (76)

वेद भागवत बोलै साखी, दास अनंत कथा कहै भाषी।

दोहा:

भगती पियारी राम की, मरम न जाने कोई।
जिन जानी ते ऊबर्या वरण वरजत होई।। (77)

चौपाई:
बामण बोलै नेक न उरही, कैसो काण हमारी करही।
भरग रिषी सुर मारी लात, सोभा अधिक भई हरि गात।। (78)

परसराम सब छत्रीं सिंधारा, राजू हमको दिया तिवारा।
पुन्य पांडव कै संमैन हीं टरतो, सहज अठासी भोजन करता।। (79)

तब रैदास कहै सुणिं पांडे, बात मार मरो तुम चांडे।
जाणूं नहीं राज कीरिती, तातैं बोहत भई विपरीती।। (80)

सहस अपसी सरयो न काजा, सपय कै सांच पचाइण बाजा।
तुमरी पूजा को फलु चेहु, सेवा करत नरक में देहूँ।। (81)

नुहु राजा तुम नरक पठायो, दियो श्राप क्रिस्न मुकतायो।
झूठ दुरवासा गुरु तुमारा, हरि भगतिन की सरण उबारां।। (82)

इतनी सुंनत बामण परि जरया, जागूं वैसंदर मैं घीव परिया।
सुरी सुकरी क्यों सम होई, दूध विचार पिवै सब कोई।। (83)

गई न दुरगंध गंग में मछा, स्वा न्यं जन कीया होइ न अछां।
हंस काग कैसें ऐक सारी, कंचन काय लेघ विचारी।। (84)

षलक वस्स अंतर जा होई, वाका पाव न पूजै कोई।
बामण जो भष्ट होई जाई, तो सब मानै राजा राई।। (85)

इतनी सुनि रैदास सिआणां, हरि परि त्यागे राजा राणां।
दुरजोजन को कियो त्यागू, लियो विदर घर सथवा सांगू।। (86)

नांही राम तुमरे बाँटै, सब कोई लै है सिर कै सांटे।
सालगराम हि आनि, विराजू, लेहि बुलाई तुम आवै लाजू।। (87)

जिहां प्रतीति जिहां चलि आई, अैसी मन रैदास उपाई।
बामण कहै वेग ले आहू, जो तेरे मन में है सुभानिहूँ।। (88)

तब रैदास ही उपजि लाजा, सिंघासन उपरि आणि विराजा।
जे तुम सांचे त्रिभुवन राई, तो जिनकी गोविदं बैगि हो आई।। (89)

बांमण कहै आहि प्रभु मेरा, अहो ब्रह्मदेव हम तेरा।
करै वेदघूनि दीरघ बानी, तिनकी केसों नैक निमानी।। (90)

गायत्री सुमिरं चितलाई, और धरम सब कीया सहाई।
इति रैदास रोक पद लीया, सबदिन गाया भोग दीया।। (91)

दे पद भोग रहया रैदासू, प्रेम उमंग ढारै जद आँसू।
अैसी करण हरि देषि जबहिं, सालागराम गोद गयो तबही।। (92)

जिन रैदास रहुया उर लाई, राजा परजा कै मन भाई।
जै जैकार करे सब कोई, बांमण हार चाल्यां मूं गोई।। (93)

मूँह न दिषावैं मूं घटना जाई, जानु षटभास तै जुर आई।
जीत्यौ जिन रैदास नगर बीच, विप्र भये व्यंजन की दरबी।। (94)

जुग जुग जिन थापै भगवाना, भगति प्रताप अनंत बषानां

दोहाः

दास अनंत भगति करो, जांति–पांति कुल षोइ।
ऊँचा नीचा न गिणै, भगति किया बसि होई।। (95)

चौपाईः

बरस पाँच को अंतर भयो, बोहि स्यूं कथा चितौड़े गइयौ।
झाली रानी मत की रूटी, दान धरम सति संजम पूरी।। (96)

सकल भोग कीजत है जाकै, माला मंत्र नहीं गुर जाकै।
सहज उपज भई मन अच्छा। हरषत होई याही दिछया।। (97)

भगति एक बुझ्यो उकलाई, कां पै दिच्छया लीजै जाई।
तब तें भगति कहैउ उपदेसूं, मैं जिन ढूढया च्यारों देसू।। (98)

बोहित भगति कहा कहूँ वषाणी, ऐ दोई भणति बताऊँ राणी।
कासी नगर बेगि चलि जाहूँ, जो मेरे वचन मन में पतिआँहू।। (99)

जाति जुलाहा नाम कविरा, मानूं सुषदेव का आही सरीरा।
नीरगुण ब्रह्म विघो पैछाणि, तापें दीच्छया लीजै राणी।। (100)

और एक रैदास चमारा, जानूं नारद लियो औतारा।
सूद्र कहतो आवै ताजा, दरसण कारण कलपै राजा।। (101)

पंडित मरम न जाणैं कोई, वैष्णु को असं अेमरया होई।
झाली कै मन आनंद भईया, वाणारसी को डेरा दिया।। (102)

बांमण संग चले मन जाणी, हम पै दिच्छया लै है राणी।
झाली बरजै वैभव नाहीं, ऐक दिच्छया गंगा नाहीं।। (103)

दिनां बीस मैं कासी गईया, झाली जना दोइ गुपत पठइया।
जाइ कबीरै दिउ जनाई, झाली सिष होने को आई।। (104)

तब कबीर मन उपजी लाजा, मेरे काम न राणी राजा।
फाटी कमरी ओढी जब ही, झाली आई पहुँची तब ही।। (105)

देषी सब निरगुण वैरागी, जे बैठे हैं माया त्यागी।
देषी परम कुटी साथरिया, तन ऊपर फाटी कांधरिया।। (106)

पूजा अरचा देवल देवा, सहज समाध लगावै सेव।
थारी गड़बा दरब न बेरू, दूजां दिन कहुं है नहीं नीरू।। (107)

सादी सौंज देषी सब राणी, फिरी पिछोड़ी मन पिछताणी।
चलो जहाँ रैदास चमारा, उन्हूँ का देषो विवहारा।। (108)

पहुँचि वहाँ न लागी बारा, ऊँची देषे पवर पगारा।
देषि दिवाली भयो अनंदु, तहाँ सदा बैठो गोविंदू।। (109)

उपर चांदि बासा बिकतानो, अैस सुष न देषै राना।
सोने भाजन कनक न पाटा, बहुत सुगंध भरे है भाटा।। (110)
झालर झींझ पषावज, ताला, व वरन फूलन की माला।
तब देषें स्वामी रैदासा, वो हो तक महंत दीखत है पासा।। (111)

ऊँचो कपड़ो सुंदर गाता, मुषसूं निकसै सीतल बाता।
गरब गयो राणी को निबही, डंडोत भगतिन कूं तबहीं।। (112)

दोहाः

चरण गहै रैदास के, दीनो माथै हाथ।
राणी कै मन मानियो, भयो भगति को साथ।।

चौपाईः

पहलां मरम न जाणैं कोई, अेसी दिच्छया लीनी गोई।
बोहोत दरब ले आयी झाली, सो अब षरच्या घर कूँ चाली।। (114)

कोस पाँच जब छोड़यो नगरू, बोहारूं बांमण मांडयौ झगरू।
सुनी पुरोहित लीनी माला, बामण कोप भयो है काला।। (115)

अगन रूप मन ठप जीरीसा, पथर ले ले फोड़ै सीसा।
गई बारा कोस राणी पलटाई, बोहि स्यूँ कासी पोंहच्यौ आई।। (116)

बांमण कोप दै है श्रापू, नृफल होइहै तेरा जापू।
केहु पतड़ा भावं सू मारै, केहु तोरि जनेऊ डारै।। (117)

केहु राणी लोहु छाटै, केहु उषाड़ै पटा काटै।
केहु बैठा धाम सुकाई, केहुँ वष्प की गांठ चबाई।। (118)

केहु वस्त्र पावक मैं डारी, देही आपणी कपड़ा फारै।
केहु लोहुँ आडोत्य देही, केहु प्यासा नीर न लेही।। (119)

मरण कहै हरिजन की पौरी, सुणत वघेलो गाये दौरी।
मकना देहे आई रांणी, तब झाली मन में पषिताणी।। (120)

अब के संकट केसो काषै, बार-बार फाली यों भाषैं।
भलो करत बुरो जे होई, तो करता सूं बस नहीं कोई।। (121)

सगरो नगर तपासै आयो, पहलौ परयौ कहि समझायौ।
मरै मारै न सीझै काजा, सुंणि हों बांमण बरजै राजा।। (122)

निज हरि भगति सैन है नाऊ, बंधु गढ़ तै सो चलि आऊँ।
ताको कहतो न बामण मानैं, करि मचलाई करिबो ठाणैं।। (123)

भगति एक रैदास पठाया, सो कबीर कूं बुझन ध्याया।
बांमण पौरि हमारी मच्छी, देऊ मत हम कैसी करही।। (124)

कहै कबीर न मानैं सिषा, जिन षाई राजन की भीषा।
ब्रम्हा सषिषव तोहूँ न मानै, हमैहि तुमहि कमीन करि जानै।। (125)

सालगरामहिं सौरयौं न्याऊँ, जो तुम अपनी पीठ छुड़ाऊँ।
जुग जुग जिनकी बोलै साषी, जिय ड्रयौ हरिलै हैं राषी।। (126)

अैसी सीष कबीर पढाई, सो रैदास बहोत मन भाई।
बामण हठ करहि अपघाता, ग्यांन ध्यांन की सुणैं न बाता।। (127)

तब रैदास कहै समझाई,कैसो कहै न मानो भाई।
सालगराम विराजो आंनी, अैसी मन सब के मनमानी।। (128)

दोहा:

झगरो सगरो मिटि गयौ, सुमरण लागे संत।
सोई सांची मानियो, जो बोलै भगवंत।। (129)

चौपाई:

जैसो परयो पहलां भयो, तैसो बांमण बहुत झेल्यो।
वैद मंत्र गाइत्री जापू, पहर सवा दोय कियो विलासू।। (130)

इति हरि भगति सैन रैदासू, हरि गुण गावै ठारै आँसू।
चढ़ि विमान देवता आया, मंध्रप सूँ असरा छाया।। (131)

बोलै सालगराम विचारी, सवै सुणत हो नर अरू नारी।
सांचौ सांचा जिन रैदासा, झूठे बामण देत ही त्रासा।। (132)

तीन बार बोल्या है केसो, तब सब ही को गयो अंदेसो।
जै जैकार भया जुग मांहीं, कोतिगहार सवै घर जाही।। (133)

जुग जुगति भगतिन की भईया, फूल बरस गण ग्रंथ पगईया।
बामण चला जूवा ज्यू हारी, ऊँचा कूल कूंई गारी।। (134)

चले षसासे दूजै हारी, जांनी मा बहनी कू हाथ पसारी।
रोका दि सी आहि दैव उठानी, ता दिन दिछया लीनी रानी।। (135)

पुन्यूं कै दिन झगरो भगिया, झाली देस आपणे गिया।
सांझ बाद सैन रैदासा, चालि आए कबीर की पासा।। (136)

आदर करि कबीर बैसारे, समाचार तब सुणैं तुमारे।
करत परसपर असतुत भाऊँ, और भगति सब बंधे भाऊँ।। (137)

साँचे हरि है रैदासा, हरि सुमरत सब के दुष नासा।
ता पींछे कीरतिन करही, नरमै भया न काहू डरहीं।। (138)

अरध रात्री सुमरण जागै, और वैरागी सोवण लागै।
तीनूं भगति पौढ़े हैं जवहीं, दियो चत्रभुज दरसण तबहीं।। (139)

उठि रैदास परे हरि चरणां, सैन कहे हूँ तुमारे सरना।
कबीर दरसण बैठा पायो, रूप चत्रभुज ह्रदै समायो।। (140)

कबीर का मन निरगुण राचा, और मता सब कहिऐ काया।
इतिनी सुणि रैदास रिसाणां, निर्गुण श्रगुण ऐक करि जांणां।। (141)

श्रगुण थापै सैन रैदासा, कबीर के निरगुण की आसा।
पहर सिवा लूँ कथियो ग्यानूं, टीके रह्यो कबीर को ध्यानूं।। (142)
निगुण कथा भयत मन धीरा, गुर समान करि धरण्या कबीरा।
करि वंदना सैन रैदासा, पहुँचै अपनै मंदर पासा।। (143)

निरगुण सर्गुण एक विवेका, जिन को ऐक रो आपणी टेका।
निरगुण ब्रह्म ब्रह्म नहीलैं चालै, श्रगुंण धरि भगति प्रतिपालै।। (144)

सर्गुण कहिए भाषण भाई, निर्गुण तत्व लीया घृत ताई।
तब गुण ध्यान गद्यो रैदासा, छूटि गई अंजन भ्रम पासा।। (145)

कथा कीरतन सुमिरन जागे, अंतरजामी अंतन लागे।
जिही विधि सुषदेव संकट सेझू, या कबीर दीयो उपदेसू।। (146)

तब मन चढया उपली पैरी, जब नीचे को नजर न हेरी।
ता पीछै अैसी विधि ध्याऊँ, पुबिसाली कै उपज्यौ भाऊ।। (147)

जो छानै आवै गुर देवा, तो नीकी विधि कीजै सेवा।
जिनके दुवारै गुर न पधारें, ते तो जनम व्रथा ही हारे।। (148)

तब झाली भगतिन को बूझैं, मेंरै अैसी तुम कहा सूझे।
भगति कहै धन धन ये उपाऊ, जे तुम कहो तो हम तो ले आऊँ।। (149)

झाली कहयो वीनती कीज्यौ, अपना जानिए दरसण दीज्यौ।
ज्यौं माली सीचैं बनबेली, आपन रोपन जिहि मेली।। (150)

अठार भार धरि पुरिवै आसा, मेंरै स्वाति सींप के प्यासा।
ज्यौं माता बालक कौं पोषैं, त्यों सतगुरु आत्मा संतोषै।। (151)

करि विनती पानी लिषवाई, मुषवाणी भगतिन ही सिषाइ।
चल्यौ भगति तब ठहर निलाई, कासी नगर पहुँच्यौ जाइ।। (152)

करि प्रणाम मिल्यौ रैदासा, संतन के जुथ देषे पासा।
सब सूं मिल पत्री तब दीनी, जिन रैदास बंचाय क लीनी।। (153)

भगति कही बात सब मानी, दरसण काज अति आतर रांणी।
तब चलिवे की बात चलाई, सब संतन कूं षवर सुनाई।। (154)

जैसी जुगति कहै सब संत, ज्यौं आग्या देवै भगवंत।
तब रैदास विचारी बाता, गुट समान कबीर बड़ भ्राता।। (155)

ताकू बूझत प्रात पधारे, आदर करि कबीर बैसारे।
तब कबीर कूं वचन सुनावा, चीतौड़ तै हरू को दिल आता।।(156)

धो हि आग्या त्योंहि अनुसर ही, कहो चलौ तूं उतिर करही।
तब कबीर कही मत अैसी, सो रैदास कै हिरदै वैसी।। (157)

कैसो की आग्या तुम जादू, राषो दासा तन को भाऊ।
अग्या मांणि रैदास जु आए, चलण मतै का वचन सुनाए।। (158)

दोहा:

प्रात समैं रमनैं कूं कीनां, अपनां सषा सब संग लीना।
सीलवान सुमरण मनसा करे, आग्याकारी संग सिधारै।। (159)

आग्या लही कबीर की, पुनि आग्या हरि दीन।
चलन मतो चीतौड़ कौं, जन रैदास तन मीन।। (160)

चौपाई:

ग्यान ध्यान निरगुण मन धारै, सब ही अणमे सबद विचारै।
अैसे सषा सदा संता सोहै, मानस कहा देवता मोहे।। (161)

कथा कीरतन सुमिरन करही, प्रेम सहित सब का मन हरही। (162)
जाकै द्वारै जन पग प्यारै, काटै पाप सो जीव उधारै।।

अति उछाह करि प्रेम बढ़ावै, हरि के जिन कूं नैनही भावै। (163)
अैसे बहोत रमत दिन लागा, झाली आतुर है के लागा।

चलि चितौड़ निकट जब आए, तब रैदास ऐक भगति पठाए।
भगतिन आई सुनाई वाणी, अधिक उछाह भयो राणी।। (164)

तब रैदास चलि आए नेरा, पहल छांग मैं दीयो डेरा।
मंत्री सवै बुलाऐ राजी, सन मुष पठये सब रजधानां।। (165)

लोक महाजन दरसण जाई, बांमण सुणि मन मैं पछताई।
सकल लोक मिलि आनंद हुआ, विप्र दुषी अति जरवर भुवा।। (166)

सकल सोंज राणी लै आई। पान सुगंध गलाल मिठाई।
हरि बोलो हरि बोलो होई, बाग वण्यो बैकुंठ सोई।। (167)

कथा कीरतन वोहित विघ कीनो, वांरि प्रसाद सवन कूं दीनां।
पंछै डिराना नगर विचारै, महिमा करि बाजार उछारै।। (168)

पाट पटंवर माथ पसारै, चरण घाट गुरुदेव पधारे।।

दोहा:

महिमा गुर गोविंद की, कहै कहै सो थोर।
सीस दीय उरण नहीं, और सवैं ता कोरा।। (169)

चौपाई:

अधिक उछाह कियो मन राणी, ता पीछै भोजन की वाणी।
सकल विप्र मिली धात उपाई, याको काज विगारो जाई।। (170)

सूद्र हो आणिं करैं महिमानी, घर के बामण छाड़ै रानी।
सब ही मिलि दरबार न आया, षीधि करै मन में दुःख पाया।। (171)

राणी कहै बामण क्यौं अंसा, धरती होत छनाए नैसा।
विप्र कहैं तैं सवैं विगारा, राज धाम मैं छांटा डारा।। (172)

सब राजा विप्रन कौं मांनैं, और अनेक जन हि नहीं जानैं।
जे तैं पुण्य करन कौं होती, तो पहले षनर हमहूँ कूँ देती।। (173)

जग्य करै तो विप्र ही इच्छै, और सकल विप्रल कौं पीछैं।
जहाँ तहाँ विप्रन अधिकारा, तै गुरु कीया अधम चमारा।। (174)

राणी कहै सुणो रे भाई, मेरै तुम मन एक सहुाई।
करणीं हीन सो अधम होई, करनी करै सो उत्तिम सोई। (175)

काम क्रोध लालच नो दुबारा, एतो तन मैं सब संसारा।
उत्तिम भऐ जिनौं ऐ जीता, बांमण कहा वाल्मीक कीता।। (176)

जाति पांति नहि अधिकारा, राम भजै सो राम हि प्यारा।
नाहीं कछु तुमारे कारा, उठौ विप्र जाहु तुम हारा।। (177)

विप्र बहुत मन में दुःख पावै, क्रोध करै राणी डरपावै।
पहलैं हमकूँ देहूँ रसोई, पीछै जो भावै त्यौं होई।। (178)

अैसा झगड़ा अधिक उठाया, तब रैदास येक भगति पठाया।
हमारै नहि हारि अरू जीती, इनकी तुम राषो रसरीती।। (179)

मन मैं समझा अग्या मोनी, षिजत रसोई दीनी रांणी।
मन आण भाए विप्र बुलावे, होते नगर मैं सब उठि ध्याए।। (180)

लेन रसोई बामणा दौरे, गणत जनेऊ सात सै जौरे।
लीनौं बुन्रों विचारी मन में, करहि याही सारे दिन मैं।। (181)

करि मचलाई चौका देवै, कोरे कलस मंगाइर लेवै।
करै संमान ढील मन मांही, हरिजन बैठै हरि गुण गाही।। (182)

पाग उतारि कीया सिर नागा, भई रसोई जीमण लागा।
इति रैदास ध्यान मन दीनां, धार ध्यान बंधेहि तन कीना।। (183)

दरषण बोहित ये कही छाँही, धो बंधे हि जिन सब ही ठाहीं।
सब ही कै संग जीमंण बैठा, उन वो पैउन वापै दीण।। (184)

सब कूं अचरज भया तमासा, जेते विप्र तेते रैदासा।
तब ही एक डेरे कूं ध्याया, जिन रैदास तिहाँ फुनि पाया।। (185)

धनि धनि धनि धनि कहै सब कोई, बांमण हारि चले मूं गोई।
सब ही कै मन उपजी लाजा, साध सतायो कीयो अकाजा।। (186)

जे बहु कोप करै हमऊ पर, तो अब जिंदा सकल हो जरबार।
सांचे हर सांचे हरजानां। यों पिस्चाताप कीयो बामनां।। (187)

दोहा:

धनि धनि साहिब तू बड़ा, और बड़ा तोहि दास।
जाति पांति कुल कछु नहीं, बांमण भये उदास।। (188)

चौपाई:

बोहो स्यूं सब मितो उपावा, जादूगर ही रैदास के पावा।
चले को गहर न कीनां, वीनती करि झाली संग लीना।। (189)

घर डेरा विच डंडवत करता, यहि विधि आये मन महि डरतां।
तब रैदास बोले ही दीनां, तुम ऊँचा, हम आहि कमीनां।। (190)

कैसी विधि डंडोत जु करहुँ, अहो विप्र तुम लाज न भरहूँ।
विप्र रहै पर बोल न आई, सब को सुष देइ सुषदाई।। (191)

राजा प्रजा सब ही आया, नंघा करैथा तिन हूँ माया।
विप्र बहु विधि विनती करिही।। (192)

तब रैदास कहै समझाई, आन जनम की कथा सुनाई।
होता विप्र नहीं हरि जानां, तातें मोंहि सूद्र धरि आना।। (193)

तन कै मांही जनेऊ काढी, तब सब देख अचिरज भए जाढी।
भगति कीऐ मोहि भो सूद्रा, भगति बिना सब ही सूद्रा।। (194)

वेद पुराण कहै येक वाणी, भगति बसै हैं सारेगपाणि।
जनम हि मां आपण हरि भाषै, भगति प्रताप सब ऊपर राषै।। (195)

तब रैदास कही मति अैसी, सो सबहिं के हिरदै वैसी।
विप्र कहै तुम गुरु हमारा, अपनां तोड़ि जनेऊ डारा।। (196)

माथे हाथ देऊ अब स्वामी, हम सेवग तुम अन्तरजामी।
तब रैदास सवै सिष कीया, कृपा करि माथै कर दिया।। (197)

राजा प्रजा सब सुख पाया, जै जैकार करि प्रेम बढ़ाया।
भगवंत भगति बिन कछु नाहीं, देषै अंनेसुन न परिजाही।। (198)

श्रोपति साधु एक विचारा, यूँ जाणै सो उतरै पारा।
दास अनंत प्राक्रित भाष्यो, भगति वेद चाही मैं राष्यो।। (199)

बीस बार जब बोले साखी, तब भगति परचई भाषी।
अक्षर एकैं झूठैं नाहीं, जांणै साध असाध रसांइी।। (200)

कोटि बरस लगि जीवै कोई, रसना कोटिक पावैं सोई।
दिन प्रति नोतम हरिण गुण गावै, तोहूँ न करता की गति पावै।। (201)

हरि सागर मैं बूँद समाणी, कोऐ न जांणी कहाँ है राणीं।

दोहा:
हरि गुण कों न वरण सकै, हारे सुर नर नाग।
दास अनंत विचारि कै, चरण गहै वड़ भाग।। (202)

इति रैदास जी की परचई संपूरण समापता।

कबीर-रैदास संवाद

संत कवि सेन द्वारा विरचित

रैदास माधवा नाहे नांही हित मोरा।
कैसे दरसन पाऊँ मैं तोरा।।

क्रम तत न दल बादल फाटे।
सुमति भई प्रगासा।
हिदै ज्ञान ध्यान दरि देषौ।
सत भाषै रैदासा।।

कबीर ब्रह्म ज्ञान बिन ब्रह्म तत्व बिन छि्दा सुध न होई।
ऐकै ब्रह्म शकल घटि व्यापक।
दुनिया और न कोरी।।

रैदास ऐक ऐक क्या करऊ गुंसाईं।
दूजी प्रकृत कहाँ जाई।।
जा प्रकृति में नृगुण रूप है।
साधन सदा बताई।

कबीर जितो फूल है तितो वास है
जित पंकज तित पाणी
को यह उतपतिर परलै करत है
का मैं प्रकृति समांणी।

रैदास प्रकृति समांणी प्रम पुरिष मैं।
सो वरंदावनि आया।।
गोपिन के संगि ग्वालिन के संगि।
चुटकी दे दे नचाया।।

कबीर ना वह नाचै ना वह गावै ना वह ताल बजावै।
पूरन ब्रह्म सकल सो न्यारा।
वह ओतार न आवै।।

रैदास जो लीला औतार न होते।
जीव कैसे निसतरते।।
अंध धुंध कछु खबर न होती।
जीव नरक सब परते।।

कबीर कहाँ नरक है कहाँ सरग है।
कऊ धौ कौणी देषा।।
जब यह हंस पयाण करसी।
चलती बार किन पेषा।।

रैदास आदि भगत सुकदेव कहत है।
तिन यह हंस गति बताई।।
साघन की सेवा हितकारी।
नंद भवन सुषदाई।।

कबीर कौसा नंद है कौण जसौधा।
कहो पुत्र किनि जाया।।
वह आवनासी वे संजर कहिए।
वह कित गरभै आया।।

रैदास को पचि मरै गुडी को कूटै।
को रे हर है पयारो।।
बड़ी लूटि है रतन षजाना।
राम कृश्न औतारो।।

कबीर तुम्हु जो कहत हो राम कृश्न है।
सवी काल कक कोरे।।
ऐक नाम मत जाने बिना।
तृगुण नदी में बोरे।।

रैदास बैठा देष कद्‌म की बचां।
कंवल नाल कर लीन्हे।।
पीत बसन बैजंती माला।
मोर मुकुट सिर दीन्हे।।

कबीर उन कैं मुकुट नहीं गल माला।
ना वह मरै न जाया।।
अलष पुरुष कर मरम नां जाना।
निरगुण खंड न आया।।

रैदास जो तेरो निरगुण सो मेरो ठाकुर।
जाके रूप न रेषा।।
सो मैं देस्यौ नंद नंदन कुल।
ब्रह्म गोप कै लेषा।।

कबीर ब्रह्मारू न गोपी ब्रह्मारू न गोपा।
विरलै काहू पायो।।
मुष दे आद लगत जो कहिऐ।
तिन वी ब्रम्रू न पायौ।।

रैदास चारौ जुग औतारं सदा है ग्यानं ध्यानं घर लीजे।
बिन औतार मुकत कहूँ तारहीं।।
कृश्न चरण चित्त दीजै।।

कबीर आष्ट कमल दल साध ले साधू।
ज्यो ज्यो मन पतियाई।।
भृकुटी संग्म जै मन राषै।
आवागौन नसाई।।

रैदास आवागौण रहन दे स्वामी।
रावण दे गोपाला।।
जाकै रूप ठहगी बृजवनता।
मोहन नंद कै लाला।।

कबीर को है नंद कहा का लाला।
कहो कहाँ ते आया।।
अग्म अगोचर है आवनासी।
विरलै साधन पाया।।

रैदास चारू जुग नंद चारू जुग लाला।
चारू जुग वेदन गाया।।
जहाँ जहाँ कछु पाया प्रगट लयो।
तहाँ तहाँ उठि घाया।

कबीर नहीं वाकै पाप नहीं वाकै पुन
नहीं वेद नहीं वाणी नहीं वाकै रूप नहीं वाकै रेषा।
जोत में जोत समाणी।।

रैदास डूमोगे तुझ ब्रम्रू ज्ञानी।
हरि चरनां नहीं पावो।
अन्ध धन्ध कछु षवर न परताही।।
मिथ्या जन्म गँवानो।।

कबीर अंध धुंध मैं व्यापक रमिता।
भरम का पार लगा न साधो।।
ब्रह्म ग्यांन बिना जो साधूं।
रमता काम न पावों।।

रैदास रमता राम सोई है स्वामीं।
हृदै करौ विचारा।।
रावण मारि ममत्छन थरप्पा।
धर्‌यां राम औतारा।।

कबीर जै वह रमता राम कहावै।
तौ मृग पीखे क्यों भोला लाग्या बाण लछमन भाई।
तौ जड़ी बेई क्यौ बोरल्या।।

रैदास रमता राम कहा कहो स्वामी।
दूजा नाहीं कोई।।
रामा कृश्ना करता ऐई।
और न दूजा होई।।

कबीर क्रिश्न उपजौ तन सै साधू।
सो तो करता नांही।।

आद अन्न वह निश्चल रमिता।
सो मेरे मन मांही।।

भवानी सिंध बाहणी साष कहत है।
बोले मधुर री वाणी।।
साची भगति रैदास करत है।
कबीरो भगति ना जांणी।।

कबीर आठै चौ दसर गलै कटावै।
घर घर षाती डोलै।।
जाहि जाहि जगत की चंदड़ी।
झूठी साष न बोलै।।

सिव वृषस चउ सिव संकर आए।
बोले अब सदां रंग।।
साची भगति रैदास करत है।
कबिरा भगति ना जांणी।।

कबीर भूत पिशाचन के तुम राजा।
लगति कहाँ तुमरू पाई।।
सिव संकर ईस जू तुम्रू कहिए।
मिथ्या साष लराई।।

ब्रह्म हंस चढ़या ब्रह्म तहां आया।
साषी वेद बुलाणे सायी भगति रैदास करत है।
कबीरा भेद न पाया।।

कबीर झूठी साषी झूठ ब्रह्म।
झूठा वेद बुलाया।।
जाऊँ जाऊ आगे ते ब्रह्म।
अजहूँ ब्रह्म न पायां।।

किश्न शांत कबीर शांत रैदासा।
सैना गावै सोई।।
गरूड़ चढ़े जो किश्न कहत है।
शांत लगत ऐं दोई।।

कबीर तरक कबीर जब उतर दीन्हा।
सुनऊ विरन विवेकी।।
बड़े छोटे ऐक कर डारे।
सार असार न पेषी।।

अर्कस ब्रह्म ज्ञान निजु ब्रह्म तऊ निजु।
ब्रह्म उठी निजु वाणी।।
डाल पात रैदास कहत है।
मूल कबीरा जाणी।।

रैदास रामानंद कै कृश्न लाल है।
तुम्रू तो और बताया।।
कहै रैदास सुनो हो स्वामी।
तत कहँ तै पाया।।

कबीर हम तो होते ध्यान रस रूपी।
नां कही गया न आया।।
स्वामी मिले सुधा इस वरष्या।
तत ही तत समाया।।

रैदास शो तत स्वामी कही समझावो।
हम तो नांही जानां।।
अपणां जाण कहा किरपा कर।
सो निहयै कर मांनां।।

कबीर चंचल सौ निश्चल कर राषो।
यऊ मन अनमन लाबो।।
दूँदी पसार निवारो साधू।
तौ निहयै कर पावौ।।

रैदास कहा कहँ कछु कही न जाई।
किस विध पाऊँ तत हरी।।
उपजी प्रीति नांव जपन की।
रद्य न जाई एक घरी।।

कबीर पथर पोट विमल जल डारो।
अंतर ल्यावा ध्यान हरि।।
कह कबरि सुनो रविदासा।
इस विधि पावो तत हरी।।

रैदास धन्य कबीरा धन्य वह सतगुरु।
जिन परम तत लषाया।।
कहै रैदास सुनो हो स्वामी।
सरण तुम्हारी आया।।

कबीर भरम छानिदे करम छानिदे।
अरू छाड़ो चतुराई।।
आतम राम करौ विश्रामां।
कहे कबीर सम कोई।।

रैदास स्वामी जो तुम्रू गावो सो मैं गाऊँ।
तुम्रू का ज्ञान विचारौ।।
कहै रैदास सुनो हो स्वामी।
भरम करम सम डारौ।।

कबीर हम गावैं सों गावो साधू।
हमरा ग्यान विचारो।।
कहै कबीर सुनो रैदासा।
भज लीजै निरंकारी।।

रैदास सूझ बूझ कछु षवर न परई।
क्या कछु सुमरण कीजै।।
पाथर के संग पाथर हुऐ।
किस विधि मनवा भीजे।।

कबीर ब्रह्म रूप है ब्रह्म सो जाणीऐ।
महा अमीरस पीजै कह कबीर सुनो रैदासा।
इस अभीरस पीजै।।

रैदास किस विधि मोको होइ उजियाला।
किस विधि मिहै अंदेसा।।
कहै रैदास तुम्रू सुनऊ गुंसाई।
देउ भगतनुपदेशा।।

कबीर कुसल कल्याण सुष विश्रामा।
मन का मेट अंदेसा।।
कहै कबीर सुनो रैदासा।
इह भगतन का उपदेसा।।

रैदास तुम्रू तों पूरन ब्रह्म समाए।
हम पर होइ दयाला।
कहै रैदास तुम्रू सुनौं गुँसाई।
देऊ भगतन की माला।।

कबीर शशियर जान ऐक करे राषै।
तौ द्वदै होई उजियाला।।
कहै कबीर सुनो रैदासा।
हऊ भगतन की माला।।

रैदास संसा न छूटै न दिढता उपजै।
इह मै मांगो भिष्या।।
कहै रैदास तुम्रू सुनो गुँसाई।
देऊ भगतन की दिष्या।।

कबीर जहाँ ते उपजो वहां समावो।
बऊड़ न मागऊ भिष्या।।
कहै कबीर सुनौ रैदासा।
चऊ भगतन की दिष्या।।

रैदास सौचि मौको बेणि बतावौ।
जासौं रहैं न अंध।।
कहै रैदास तुम्रू सुनऊ गुंसाई देऊ भगतन का मंत्र।।

कबीर अह निस भगति करो मन लाई।
अनहद बाजै जंघ।।
कहै कबीर सुनो रैदासा।
यऊ भगतन काम मंत्र।।

रैदास सो अब मोसौं कहो कृपा कर।
जाते दुवधरा मेरी भागै।।
कहै रैदास तुम्रू सुनऊँ गुँसाई।
किस विध मनवां भीगै।।

कबीर अनाहद बाजै तहां मन लागै।
सोग वियोग विनासै।।
कहै कबीर सुनौ रैदासा।
सब कारज होय रामा।।

साखी पूरण ब्रह्म परकासिया।
हरि हरि सकल सरीर।।
कहै रैदास परम सुख।
धन धन दास कबीर।।

कबीर बऊत बषेकी साधु तुम्रू।
अकलवंत बऊ धीर।।
समझ आपनी ऊघो।
यों कहै दास कबीर।।

रैदास न्यो न्यो निरंकार तोहि।
न्यो कृपाल कबीर।।
जन रैदासा सनान कर।
साध नहीं हरि नीहे।।